La deformazione del sé nello sguardo dell'altro

Con-Vivere con la psoriasi

Giovanni Salierno

La deformazione del sé nello sguardo dell'altro

Con-Vivere con la psoriasi

I nomi e i luoghi delle testimonianze raccolte sono stati modificati in modo fittizio al fine di mantenere la privacy degli intervistati.

Qualsiasi somiglianza con persone, viventi o defunte, luoghi o fatti reali è puramente casuale.

Foto copertina di Roberto Della Noce

Indice

Dello stesso autore:

- *La deformazione del sé nello sguardo dell'altro: Con-Vivere con la psoriasi*

- *Viaggio nella pelle: Con-Vivere con la psoriasi*

Tradotto in lingua inglese :
- *Journey into the skin: Co-Exist with psoriasis*

- *L'illusione di Eco … l'inganno di Narciso*

- *L'abbraccio di Gipsy*

- *L'anima di Gipsy*

- *Le anime raccontano Gipsy*

- *Il Tango di Gipsy*

Premessa

La ricerca sulla specifica dimensione dell'identità psico relazionale dei pazienti affetti da psoriasi è scarsa (Kavlir 1985; Naldi, Parazzini, Brevi, 1992; Ginsburg & Link, 1993; Delaney & Leppart, 1998; Feldman, 1999; Melotti, 2003;) e la letteratura in genere esamina il livello di benessere in relazione all'ampiezza dell'area colpita, senza tenere conto dei vissuti del paziente (Finley 1992; McHenry, Doherty, 1992).

Il presente lavoro, invece indaga il benessere in relazione alla rappresentazione di sé, della malattia, la modalità e la qualità delle relazioni sociali e del sostegno sociale.

Un primo studio analizza 11 storie narrate da 9 uomini e 2 donne anni di età compresa tra 26 e 75 anni, di cui 4 al primo ricovero e 5 degenti per ricoveri successivi attraverso interviste effettuate in ospedale da uno studente di psicologia anch'esso ricoverato per trattamenti.

Il secondo analizza 18 storie narrate da 13 uomini e 5 donne di basso livello scolastico di età compresa tra 19 e 72 anni, da uno psicologo nell'ambito della visita di ammissione. I dati sono stati analizzati secondo la Grounded theory (Strauss & Corbin 1990) attraverso il supporto di ATLAS.TI

I risultati evidenziano le difficoltà del vivere quotidiano e le strategie di coping di chi è affetto da psoriasi, malattia della pelle che spesse volte, per le sue caratteristiche, suscita ribrezzo in chi la vede e non la conosce, così come emergono nella narrazione all'interno del contesto ospedaliero sia nella interazione dei degenti sia nell'anamnesi con il professionista.

Introduzione

Sentirsi belli è importante oggi come nel passato.

L'essere bello vuol dire appartenere alla società, esserne accettati, esserne desiderati e richiesti, fattori che aumentano, in ogni individuo, l'autostima.

La bellezza, nella società moderna, è fondamentale.

L'Io incarna i fattori diversificanti e costruttivi del Sé (Mead, 1934), l'approccio innovativo che ogni soggetto può adottare di fronte a qualsiasi problema posto dalla vita sociale. Il Me, al contrario, riflette proprio quelle informazioni di riconoscimento e disconferma che emergono nei rapporti interpersonali.

Il mito classico di Narciso simboleggia la funzione del rispecchiamento del sé, ma affinché ci sia l'accettazione è fondamentale il primo impatto visivo con l'altro.

Ovviamente se Narciso era troppo bello, c'è chi a causa della psoriasi diviene inguardabile chi ha il viso deturpato dalla psoriasi non può mai apparire gradevole.

Per Tajfel (1972), l'identità sociale di un individuo è legata alla conoscenza della propria appartenenza a certi gruppi sociali e al significato emozionale e valutativo che risulta da tale appartenenza.

Il mondo sociale si struttura sulla base di una categorizzazione che serve proprio ad ordinare il contesto sociale. La categorizzazione sociale è vista come un sistema di orientamento che crea e definisce il particolare posto di un individuo nella società.

Freud ne l'Io e l' Es del 1922 definì che "l'Io è anzitutto un'entità corporea". Nonostante l'ipotesi che ogni processo psichico si costruisce sulla base di un processo biologico, Freud finirà per delimitare il campo di applicazione della sua teoria alle funzioni e ai sintomi psicologici.

Gli attuali metodi di valutazione della gravità della malattia propongono una serie di indici che misurano l'impatto che la malattia ha sulla vita del paziente. Tali metodi, essendo di tipo quantitativo, non si soffermano su ciò che, invece, può emergere da un racconto di vissuto.

Questa ricerca, di tipo qualitativo, analizza come le persone affette dalla psoriasi, patologia cutanea a carattere cronico e recidivante che colpisce in modo visibile la pelle e la deturpa, mira a comprendere come i malati di questa patologia riescano a convivere con sé e con gli altri.

Sono stati ascoltati e poi analizzati i vissuti di ammalati di psoriasi ricoverati presso il reparto di dermatologia del II Policlinico di Napoli.

La particolarità di questo lavoro consiste proprio nelle interviste raccolte che sono state narrate non solo a uno psicologo, ma soprattutto a un altro ammalato essendo l'intervistatore anch'egli ammalato di psoriasi.

Il materiale narrativo, emerso dalle interviste, è stato successivamente analizzato con un software di analisi testuale, Atlas.ti, esso ha evidenziato le difficoltà del relazionarsi con gli altri e le criticità che si presentano quotidianamente.

Attraverso il fenomeno sociale della stigmatizzazione si attribuisce una connotazione negativa ad un membro (o ad un gruppo) della comunità, in modo tale da declassarlo ad un livello inferiore; Goffman (1963) ha individuato le quattro fasi che portano all'attribuzione dello stigma sociale.

Nella prima fase sono scelte le differenze biologiche, psicologiche o sociali che possono essere utilizzate per discriminare individui; nella seconda fase sono attribuiti degli stereotipi negativi a queste artificiali categorie; nella terza fase si opera una distinzione tra stigmatizzati e non-stigmatizzati. Infine con la quarta fase c'è l'effettiva perdita di status per l'individuo stigmatizzato.

La maggior parte degli individui soggetti a stigmatizzazione cerca di ribellarsi a questo ingiusto processo, il rifiuto della stigmatizzazione avviene attraverso tre modalità principali Adler (1981) e Bandura (1986) hanno affermato che il concetto di sé non può maturare senza un senso di controllo personale, ci si riferisce alle credenze di una persona circa il controllo degli eventi della propria vita, utilizzando il concetto di "Locus of control", traducibile con "luogo del controllo".

In particolare, coloro che credono di poter avere un controllo sugli eventi della propria vita, con i propri sforzi, i propri impegni, le proprie capacità, possono determinare quanto accade loro.

Tali soggetti sono definiti persone con un locus of control interno.

Viceversa persone che percepiscono di non aver alcun controllo sulla propria situazione di vita e che credono che gli eventi siano determinati da forze esterne come la fortuna, la malattia, la sorte e dall'influenza di altre persone significative e potenti, sono definite persone con un locus of control esterno.

Nonostante il ricovero in ospedale sia importante perché ha come obiettivo la cura e possibilmente la remissione temporanea del sintomo, tale evento porta, in ogni caso, con sé lo stress di un cambiamento. L'ospedale è visto dal paziente come un ambiente fisico e sociale, dove c'è un quotidiano rapporto con il personale ospedaliero e gli altri ammalati, dove ci sono le paure, la sfiducia di guarire, ma anche la speranza di migliorare.

Ogni ospedalizzato deve fronteggiare una serie di fattori oggettivi, personali, psicologici e sociali a ogni degenza; ciò avviene in particolare per i malati di psoriasi, poiché questa malattia cronica, può portare a più ricoveri durante tutto l'arco della vita.

Secondo Groddek (1917), le malattie organiche sono il manifestarsi di un disagio interiore, la malattia è vista come un simbolo. La psoriasi, infatti, si manifesta spesso in periodi di vita psicologicamente critici.

Nel racconto di Ovidio, probabilmente basato sulla versione di Partenio ma modificato, Eco una ninfa dei monti, s'innamorò di un giovane vanitoso di nome Narciso figlio di Cefiso, una divinità fluviale, e della ninfa Liriope.

Cefiso aveva circondato Liriope con i suoi corsi d'acqua e l'aveva sedotta, così lei diede alla luce un bambino di eccezionale bellezza.

Preoccupata per il futuro del bimbo, Liriope consultò il profeta Tiresia il quale predisse che Narciso avrebbe raggiunto la vecchiaia solo "se non avesse mai conosciuto se stesso".

Quando Narciso raggiunse il sedicesimo anno di età, era un giovane di tale bellezza che ogni abitante della città, uomo o donna, giovane o vecchia, s'innamorava di lui.

Ma egli, orgogliosamente, li respingeva tutti.

Un giorno, mentre il giovane era a caccia di cervi, la ninfa Eco lo seguì furtivamente nei boschi perché desiderosa di rivolgergli la parola. Lei era incapace di parlare per prima perché era costretta a ripetere sempre le ultime parole di ciò che le era detto.

Ciò avveniva perché era stata punita da Giunone quando, con dei lunghi racconti, l'aveva distratta permettendo alle altre ninfe, amanti di Giove, di nascondersi.

Narciso sentì dei passi e gridò: "Chi è là?", Eco ripeté: "Chi è là?" e così continuarono finché la ninfa non si mostrò e corse ad abbracciare il giovane, ma egli la allontanò in malo modo dicendole di lasciarlo solo.

Eco, con il cuore infranto, trascorse il resto della sua vita in valli solitarie, gemendo per il suo amore non corrisposto, finché di lei rimase solo la voce.

Nemesi, ascoltando questi lamenti, decise di punire il crudele Narciso.

Un giorno il giovane, mentre era nel bosco, s'imbatté in una pozza profonda e si accucciò su di essa per bere.

Non appena vide, per la prima volta nella sua vita, la sua immagine riflessa s'innamorò perdutamente del bel ragazzo che stava fissando, senza rendersi conto che era lui stesso.

Solo dopo un po' si accorse che l'immagine riflessa gli apparteneva e, comprendendo che non avrebbe mai potuto ottenere quell'amore, si lasciò morire struggendosi inutilmente. Si compiva così la profezia di Tiresia.

Quando le Naiadi e le Driadi vollero prendere il suo corpo per collocarlo sul rogo funebre al suo posto trovarono un fiore cui fu dato il nome narciso.

Si narra che Narciso quando attraversò lo Stige, il fiume dei morti, per entrare nell'Oltretomba si affacciò sulle acque limacciose del fiume sperando di poter ammirare ancora una volta il suo riflesso[1].

La bellezza risplende nel cuore di colui che a essa aspira più che negli occhi di colui che la vede[2].

Non possiamo vederci belli quando il volto che vediamo riflesso è deturpato da una malattia cutanea come la psoriasi, se poi cerchiamo un riflesso negli sguardi degli altri che ci possa risollevare, accade, invece, che l'immagine ci ritorni ancora più mostruosa.

Sentirsi belli è importante oggi forse più che nel passato poiché la bellezza, nella società moderna, è quasi un obbligo sociale.

L'essere bello vuol dire appartenere alla società, esserne accettati, esserne desiderati e richiesti.

---

[1] Diverse sono le versioni del mito di Narciso, la narrazione qui riportata è quella romana così come viene raccontata da Ovidio nel III libro delle *Metamorfosi*.
[2] Gibran Kahlil Gibran, "Il profeta", sulla bellezza.

Sono questi i fattori che aumentano in ogni individuo l'autostima e il senso della propria identità sociale.

Che cosa dire allora di una malattia che, come la psoriasi, colpisce la nostra immagine, "la bellezza" del corpo e talvolta del volto?

Il mito classico di Narciso simboleggia la funzione del rispecchiamento del sé, ma affinché ci sia l'accettazione è fondamentale che il primo impatto visivo con l'altro sia positivo.

A Narciso la bellezza costò la vita, al malato di psoriasi la malattia reca "la disperazione".

Chi ha il viso deturpato dalla psoriasi non può mai apparire piacevole.

Una persona "bella" è colei che presenta un aspetto gradevole alla vista, cosa che non è possibile per i soggetti affetti da psoriasi dove la pelle è malata, deturpata da macchie o croste.

Se una persona con psoriasi riflette la propria immagine in uno specchio d'acqua non vede un'immagine di cui innamorarsi, ma quella di un mostro da cui fuggire.

Fuggire quindi da se stessi, ma soprattutto da chi guardandoci ci fa sentire sgradevoli.

Capitolo I: La psoriasi

1.1 Brevi cenni sulla psoriasi

La psoriasi affligge circa 130 milioni di persone nel mondo, aumenta con l'età e varia molto fra le diverse popolazioni; in Italia colpisce circa 2 milioni di persone (dati ADIPSO).

E' una delle malattie della pelle tra le più antiche. Ve ne sono, infatti, alcune rappresentazioni nei papiri egiziani ed è chiaramente riconoscibile in alcune pagine della Bibbia (Levitico, Libro di Giobbe), una sua accurata descrizione si trova nel Corpus Hippocraticum edito ad Alessandria circa un secolo dopo la morte di Ippocrate (460–

377 a.C.) e più tardi nell'opera di Celso del 35-40 d.C.

Nell'antichità, nel medioevo e fino alla metà del secolo scorso, era confusa con una forma di lebbra non mutilante e non contagiosa, chiamata "lepra graecorum" nella sua forma cronica e stabile, "psora leprosa" nella forma attiva o instabile, policiclica e confluente.

Perfino nella classica descrizione della psoriasi fatta da Willian (1808) era usato il termine "lepra".

Si deve finalmente a Hebra la definitiva dimostrazione che le due forme suddette erano un'unica malattia che non aveva nulla a che vedere con la lebbra e, pertanto, chi ne era affetto non doveva essere emarginato dalla società in quanto non portatore di malattia infettiva.

La prima comparsa della malattia viene riferita entro i trentanove anni d'età (59 % dei soggetti affetti), risultando, però, il maggior picco tra i 20 ed i 39 anni (Praktis, 1989).

La psoriasi è una malattia infiammatoria della cute, su base genetica, causata da molteplici fattori, quindi, non solo di natura ereditaria, ma anche ambientali come lo stress. E' proprio lo stress che, oltre ad indurre l'insorgere della malattia, può portare a un suo peggioramento.

Sulla superficie corporea compaiono macchie rosse e placche conseguenza di un fenomeno di infiammazione della pelle, ciò avviene a seguito di un aumento anormale della produzione dello strato più esterno dell'epidermide.

Il rinnovo dello strato superficiale della pelle avviene di norma ogni ventotto giorni, ma per chi è affetto da psoriasi avviene invece sette volte più veloce, ciò porta ad un eccesso di cellule non completamente mature in superficie.

La Psoriasi, non è una malattia univoca, comprende diverse forme cui corrispondono altrettante manifestazioni diverse, non esiste ancora una classificazione esaustiva e comune.

Si distinguono, però, tradizionalmente le seguenti forme: cronica a placche, guttata, invertita, postulosa, eritrodermia, desquamativa ed artopatica.

La presunta vulnerabilità, come è vero per la maggior parte delle patologie fisiche per cui esiste una predisposizione cromosomica, può costituire il terreno di base su cui si sviluppa una patologia nel caso in cui si è soggetti a certi stress (Zubin, Spring, 1997; Meehl, 1990).

Difatti, sebbene la predisposizione alla Psoriasi sia di carattere genetico sono i fattori esterni come lo stress che possono influire direttamente sull'espandersi delle lesioni cutanee.

Tale patologia fisica non deve essere strettamente vista solo dal punto di vista medico, ma da una prospettiva multifattoriale, che prende in considerazione non solo i fattori organici, ma anche quelli sociali e psicologici.

La Psoriasi ha effetti che possono essere devastanti sulla qualità della vita e delle relazioni sociali, arrivando a compromettere la vita relazionale dell'individuo che ne è affetto.

1.2 La pelle : contenitore creatore di legami e scudo protettivo

La pelle, l'organo più esteso del corpo umano, non è solo importante biologicamente, ma anche psicologicamente.

Ne "L'Io e l'Es" (1922), Freud attribuiva al corpo e soprattutto alla sua superficie, luogo dove possono generarsi contemporaneamente percezioni esterne e interne, un significato fondamentale nella genesi dell'Io e della sua differenziazione dall'Es.

Secondo Anna Freud (1936) "all'inizio dell'esistenza il fatto di essere accarezzati, stretti e calmati da un contatto cutaneo aiuta il bambino ad edificare un'immagine del corpo e un io corporeo sano, aumenta gli investimenti di amore su se stessi e allo stesso tempo favorisce lo sviluppo dell'amore oggettuale, cementando i legami tra madre e bambino".

Per Montagu (1979) la pelle è organo determinante nello sviluppo del comportamento umano, intendendo per tatto il contatto soddisfacente, che può avvenire con le carezze, le coccole, gli abbracci, l'aggrapparsi. Il piacere tattile soddisfacente nella prima infanzia svolge un ruolo fondamentale nello sviluppo ulteriore dell'individuo. Il bambino ha bisogno di apprendere sulla solida base del tatto cosa significhino l'intimità, la prossimità, la distanza e il distacco.

Secondo Gaddini (1982) la mente emerge dal corpo, poiché attraverso la percezione vi è il riconoscimento per il soggetto di esser separato dal mondo esterno. Dopo il primo anno di vita, compaiono fantasie visive che Gaddini denomina "fantasie sul corpo" che, assieme al graduale consolidarsi dei confini del Sé, porteranno alla formazione nella mente dell'immagine corporea e di una prima immagine del Sé. L'immagine corporea è quindi la rappresentazione mentale del Sé corporeo.

Il corpo come luogo della psiche è delimitato nei suoi confini dalla pelle, la cui importanza è ripresa da Anzieu (1985) che sottolinea come il bambino, attraverso l'esperienza della superficie corporea, riesca a rappresentare se stesso come un Io capace di salvaguardare i contenuti psichici.

Anzieu arriverà a teorizzare l'Io-pelle che trova appoggio sulle diverse funzioni della pelle, la quale respira e per spira, secerne ed elimina, mantiene il tono, stimola la respirazione, la circolazione, la digestione, l'escrezione e la riproduzione.

La pelle del bambino è oggetto di cure materne regolari ed attente. Esiste una vasta gamma di contatti con la pelle del bambino: carezze, sfregamenti, pressioni, palpazioni, piccoli pizzicotti ripetuti, contatti per via aerea (il fiato diretto al viso o al corpo del bambino), contatto con le labbra, baci.

Il contatto corporeo per Winnicott (1960) ha la funzione di contenimento (holding), la madre sarà sufficientemente buona per il figlio se sarà presente fornendogli contatto, calore corporeo e cutaneo, movimenti e tranquillità in base al bisogno del bambino.

Per la scuola di medicina psicosomatica Riza la pelle è il confine che delimita l'essere umano identificandolo, è l'organo della relazione con gli altri come parte visibile, come parte che tocca e viene toccata "conoscendo" e "differenziando" insieme se stesso ed il mondo fuori di sé.

Il bambino da piccolo, per esempio, attraverso le esperienze tattili impara a conoscere e a distinguere il proprio corpo dagli altri.

Pelle, dunque, come limite, protezione, difesa, conoscenza e comunicazione tanto che si colora rivelando agli altri le proprie emozioni ed i sentimenti più nascosti.

Quando, però, per ragioni esistenziali o conflittuali una persona si nega questa possibilità comunicativa dal punto di vista psicologico, magari non volendo prendere coscienza di emozioni o sentimenti che in qualche modo danno fastidio, in una prospettiva psicosomatica, la sua pelle diviene facilmente il palcoscenico dove si rappresenta questa sorta di dramma interiore.

Ecco, allora, come per esempio la rabbia, non vissuta e manifestata apertamente può affiorare sulla pelle attraverso reazioni eczematose, dove il rossore ed il bruciore, che caratterizzano questa dermatite, diventano una sorta di manifestazione somatica di un "fuoco" interiore che, non trovando altro modo di esprimersi, sale in superficie irritando ed infiammando la cute.

Così, proprio per la psicosomatica la psoriasi può essere letta da un lato come l'iperproduzione di squame, tentativo di iper-proteggersi formando una sorta di corazza, e dall'altro come il ciclo di rinnovamento cutaneo molto breve, tentativo non riuscito di "cambiar pelle", di rinnovarsi, magari su altri riferimenti esistenziali diversi da quelli attuali.

Ciò porta inevitabilmente ad una chiusura verso gli altri, in una sorta di difesa per non essere guardato e giudicato.

La pelle è il confine che delimita e comunica le relazioni con gli altri, come l'arrossire in situazioni d'imbarazzo, richiama investimenti libidici sia narcisistici sia sessuali. E' la sede del benessere e della seduzione. Procura dolore e piacere.

Nella sua nudità la pelle materializza il nostro spogliamento, ma anche la nostra eccitazione sessuale.

Nella malattia il vissuto col mondo esterno come ostile fa sì che la pelle, ispessendosi diventi una sorta di corazza difensiva.

Questa stessa corazza rende, però, il proprio aspetto meno gradevole all'altrui sguardo, è perciò difficile potersi guardare serenamente allo specchio e guardarsi negli altri.

Dal mito di Narciso, possiamo capire l'importanza della propria immagine riflessa, del potersi guardare ed ammirare senza timore di vedere, nel riflesso, un'immagine che non ci piaccia.

Così come sul fiore narciso le macchie rosse possono rappresentare unicità e bellezza, nella persona: sul volto, sulle mani, sulla braccia connotano invece una deturpazione.

In una persona con il volto macchiato, infatti, crea i presupposti per non potersi specchiare nell'altro, e il timore di essere osservati con curiosità, disgusto o disprezzo.

Dal punto di vista individuale è evidente come la malattia compromettendo l'estetica possa incidere sulla vita di relazione, sul piano affettivo, lavorativo ed economico e pregiudicare l'equilibrio psichico dei soggetti affetti.

In una relazione iniziale con una persona attraente sia uomini, sia donne tendono ad alterare in positivo le proprie caratteristiche, come ad esempio i tratti di personalità, il reddito, il successo personale, le capacità lavorative e l'intelligenza (Rowatt, Cunningham e Druen, 1999), è evidente che le malattie dermatologiche e le lesioni, che compromettono l'estetica del corpo, costituiscono un forte impedimento ai rapporti sociali, tali da pregiudicare l'equilibrio psichico delle persone che ne vengono colpite e da richiedere, a volte, il ricorso a terapie di sostegno psicologico.

1.3 La psoriasi nel processo sociale

La psoriasi non può essere considerata, in senso stretto, solamente una malattia della pelle, in quanto il suo scatenarsi, aggravarsi, la sua cronicità sono causati da molteplici fattori, tra cui, taluni sono a carattere psico-sociale.

Nella società moderna, in particolare in quella occidentale, si da grande importanza all'aspetto fisico e alla bellezza esteriore.

Invero, occorre precisare che l'estetica è sempre stata un metro di paragone, ma oggi lo è ancora di più per il ruolo che svolgono i mass-media. La bellezza accresce il potere e il riconoscimento sociale; essa è fondamentale, non solo per il vivere quotidiano, per essere accettati dagli altri, dal partner, ma anche per trovare un lavoro (Watres, 1985). Chi non risponde agli stereotipi sociali di bellezza è messo da parte attraverso processi di stigmatizzazione (Goffman 1963).

Secondo Ginsburg e Link (1993), in uno studio sul vissuto di "avere la psoriasi" e di sentirsi stigmatizzati e respinti dagli altri, con conseguente impatto sul lavoro, sull'abuso di alcool, sul ricorso a cure psichiatriche, il 19% degli psoriasici ha dichiarato di aver avuto in numerosi occasioni episodi di rigetto verificatesi nell'ambiente di lavoro, in scuola, dal parrucchiere, in palestra, in luoghi pubblici.

Gli episodi o le sensazioni di repulsione da parte degli altri portano a seri problemi di adattamento nell'ambito lavorativo ed affettivo essi che sfociano talvolta nell'alcolismo o l'uso di fumo. Diversi studi sono stati effettuati in merito.

Secondo Naldi, Parazzini, Brevi (1992) l'aumento dell'uso di alcool nei pazienti psoriasici è una conseguenza socio psicologica della malattia piuttosto che una causa determinante.

Questi dati sono confermati anche dalle ricerche di Delaney e Leppart (1998), che negano che l'alcolismo sia una causa della malattia, ma asseriscono, che ne sono una diretta conseguenza.

Difatti, in uno studio più recente, Melotti (2003), su tale tema, ha dimostrato che negli psoriasici cronici di sesso maschile, confrontati con una parallela popolazione di non-psoriasici, il consumo di alcool è mediamente superiore. Ciò aumenta, progressivamente, con la gravità e probabilmente anche con la durata della malattia.

Sull'uso del fumo, nei pazienti con psoriasi, Kavlir (1985) documenta un aumento della prevalenza della psoriasi tra i fumatori maschi.

Braathen (1989) riferisce un'aumentata prevalenza di fumatori tra gli psoriasici e in particolare tra le donne. È però difficile stabilire se il fumo ha un ruolo come fattore scatenante la psoriasi o se invece è una conseguenza come per l'uso di alcool.

Vi è un marchio psico-sociale che diviene a volte ancora più invalidante del sintomo stesso.

La cultura dominante, in cui si vive, richiede una demagogica compiacenza sociale che serve a rinforzare quella somatico-psichica. La mancanza di questo rafforzamento, oltre ad assumere valenza di mancata positività, può assumere addirittura valenza di negatività.

1.4 L'impatto della Psoriasi: benessere e coping

Essendo la psoriasi una malattia che impatta non solo lo stato di salute della persona, ma anche la qualità della vita, sono stati sviluppati diversi indici per studiare tale impatto. Tra i maggiori indicatori che valutano l'impatto fisico, vi è il P.A.S.I. (Psoriasis Area and Severity Index), mentre per poter valutare l'impatto sulla qualità della vita, vengono utilizzati maggiormente l'indice DLQI (Finley, 1992).

Il P.A.S.I. è un indice che assegna un punteggio alla gravità della psoriasi.

Nel suo calcolo si tiene conto dell'area colpita, ovvero quanta superficie cutanea è interessata dalla malattia; si analizza l'infiammazione, ovvero quanto è arrossata l'area; si analizza di quanto sia sollevata questa area rispetto alla pelle circostante per poter capire l'infiltrazione della malattia ed infine si analizza la desquamazione.

Quante sono le squame perse da quest'area o quante squame bianco-argenteo siano presenti.

Per calcolare il grado di invalidità causato dalla malattia, si utilizzano degli indici di severità che analizzano l'estensione cutanea e la valutazione della severità. Il corpo è suddiviso in quattro aree, il capo che rappresenta il 10% della cute, le braccia che sono il 20%, il tronco che è il 30% ed infine le gambe pari al 40%. La percentuale della pelle colpita in ogni area corrisponde ad un valore che varia da zero (nessun coinvolgimento) a sei (oltre il 90% del coinvolgimento).

La gravità è misurata considerando quattro diversi parametri: prurito, eritema, desquamazione e spessore.

La principale critica, all'utilizzo del P.A.S.I., è dovuta alla mancanza del punto di vista del paziente, in quanto l'indice di gravità della malattia viene misurato dal medico, senza tenere conto del punto di vista del paziente (McHenry, Doherty, 1992).

La Psoriasi ha un impatto specifico sulla qualità della vita che non deve essere misurato solo dalla severità della malattia della pelle, ma anche dalla valutazione (assesment) dello stress psicologico, sfiducia nelle relazioni con il prossimo, e nella società dovuti a fenomeni di stigmatizzazione con una conseguente diminuzione della produttività al lavoro o a scuola (Feldman, 1999).

Secondo Lipowski (1977) i fattori psico-sociali, variano da malattia a malattia, da persona a persona, così come da un episodio all'altro per la stessa persona.

In alcuni casi, infatti, può avere un peggior impatto sulla qualità della vita una leggera desquamazione appena visibile che non una dermatite evidente.

A volte, se la psoriasi si è ridotta anche dell'80%, quindi con segni ancora visibili, per il medico c'è stato un buon successo terapeutico, ma per il paziente i problemi di stigma vergogna, paura difficoltà nei rapporti possono anche essere immutati o addirittura peggiorati (Abeni, 2002).

Le misurazioni tradizionali del P.A.S.I. sono rivolte a quantificare la severità della malattia analizzando, per esempio, la percentuale di superficie corporea impattata o la grandezza delle squame, ma non misurano direttamente gli effetti della malattia sulla persona. In questi anni si è sviluppato, notevolmente, il concetto di Qualità della vita (QOL), in base a fattori fisici, sociali e psicologici (Anderson e Rajagopalan, 1997).

La psoriasi non solo influenza negativamente la qualità della vita di chi ne è affetto, ma impatta anche la vita dei familiari. Il tempo del trattamento, la riluttanza a vivere solo o maggiormente a casa, chiusi tra le pareti domestiche, evitando luoghi pubblici, attività sportive, spiagge, mare possono influenzare il trascorrere del tempo libero da parte dei familiari (Ramsay e O'Reagan, 1988).

Per quantificare quanto una malattia influisca negativamente sullo stato d'animo del paziente, sono stati messi a punto dei test, tra cui il DLQI messo a punto da Finley dell'Università di Cardiff. Ciò per indagare quanto la psoriasi influisca nella vita di una persona che ne è affetta. Si tratta di un questionario che prende in considerazione i problemi connessi alla pelle e che hanno influito nella vita della persona negli ultimi sette giorni.

Alcuni degli aspetti valutati sono ad esempio: prurito e bruciore, scelta dei vestiti, capacità di fare sport o di svolgere normalmente il proprio lavoro, la vita sociale e relazionale e tutto ciò che influenza le attività quotidiane.

La valutazione è effettuata assegnando a dieci domande un punteggio che esprime quanto quel problema abbia pesato: moltissimo, molto, poco o nulla. Lo scopo di questa misurazione, analogamente al P.A.S.I., è quello di determinare come la persona viva con la propria malattia al momento della diagnosi e se quanto nel tempo sia migliorata la sua qualità di vita.

Altri indici e scale utilizzate prendono in considerazione l'area del corpo interessata dalla psoriasi; oppure la disabilità che essa comporta; oppure la qualità della vita o lo stato psico-fisico di colui che ne è affetto. Lo scopo è sempre quello di cercare di quantificare se, come e quanto l'intervento terapeutico abbia influenzato l'andamento di questa malattia, ma non come la persona riesca a vivere quotidianamente nella società.

Per la misurazione del QOL dei pazienti con Psoriasi si tiene conto diversi fattori come: i sintomi fisici, l'attività lavorativa o la scuola, le semplici attività quotidiane, l'attività sessuale, il bere ed il fumare, le idee suicide, la famiglia e la stigmatizzazione.

Generalmente i sintomi fisici che presentano i pazienti con Psoriasi sono: dolore, prurito, bruciore e pelle secca. Su uno studio effettuato su centoquattro pazienti, il 30% di essi ha indicato come peggiore sintomo il prurito (Ramsay e O'Regan, 1988).

L'importanza dei sintomi fisici è stata sottolineata anche da McHenry e Doherty, in uno studio sulle opinioni dei pazienti in base alle loro condizioni fisiche. Gli autori sono stati sorpresi dal numero di essi che si sono lamentati dei "sintomi" della psoriasi (il 25%).

La psoriasi influenza le più "semplici" attività quotidiane svolte dagli individui, ad esempio, essa può influenzare il taglio dei capelli, il colore e lo stile dell'abbigliamento, la partecipazione dei soggetti ad attività sociali come lo svolgere attività fisica che comprendano lo sport o semplici attività manuali.

Essa influenza anche lo svolgere di determinate attività come l'andare in piscina o al mare che diventano luoghi evitati da tutti i soggetti con psoriasi in forma grave o meno grave.

In una ricerca effettuata su centoquattro pazienti, anche se la reattività sessuale non è stata correlata con la gravità della malattia o con la sua posizione in zone genitali, è risultato comunque che molti pazienti, in particolare le donne, hanno difficoltà ad iniziare rapporti sessuali (Van Dorssen, Boom, Hengeveld, 1992).

I pazienti con psoriasi, circa il 10%, hanno anche idee suicide, ciò sottolinea ulteriormente la relazione mente-corpo. Generalmente l'idea suicida è più comune nei pazienti con alti punteggi depressivi in coloro che pensano di avere una forma grave di psoriasi (Cotterill, Cunliffe, 1997).

La Psoriasi non influisce solo sulla vita quotidiana di chi ne è affetto e sul suo funzionamento sociale, ma ne compromette anche la qualità della vita delle famiglie. Il tempo di trattamento, la frequente riluttanza ad uscire da casa, l'escludersi da molti luoghi pubblici, possono influenzare anche il tempo libero per la famiglia.

Inoltre per il trattamento terapeutico va ricordato che, specialmente per i casi più gravi, curare la psoriasi è un ulteriore onere economico per la famiglia (Ramsay e O'Regan, 1988).

Capitolo II: L'importanza dell'ascoltare la storia

2.1 L'ascolto

Per conoscere come un ammalato di psoriasi abbia vissuto la sua malattia, il contatto con l'altro, non è quindi sufficiente analizzare i valori che possono risultare dall'analisi dei dati ottenuti, ad esempio, con il P.A.S.I. o altri test specifici esistenti, ma è opportuno ascoltare storia e vissuti.

La forma privilegiata dell'espressione di sé che ciascuno di noi utilizza è proprio attraverso la propria storia (Gherardi, 2000).

L'interesse degli studiosi e dei ricercatori in questi ultimi anni si è concentrato sulla possibilità di poter utilizzare le storie come materiale di ricerca (Atkinson 2006;

Czarniawska 1997, Hansen, Kahnweiler 1993, Nash 1990, Riessman 1993, Schegloff 1997, Smith 1994).

Peters e Waterman (1982) considerano le storie come un semplice pallido riflesso dei fatti, ma tenendo in considerazione la posizione forte, invece, possiamo considerare le storie non dei fatti, ma l'unica verità possibile sui fatti stessi. Quindi le storie, come il processo in cui la verità è costruita coinvolgendo autore ed ascoltatore, e le storie come il contenuto della verità stessa, rappresentano la posizione che il soggetto assume nei confronti del mondo stesso.

Ascoltando le storie abbiamo un accesso diretto all'interpretazione dei soggetti, quella che Gabriel (2000) chiama esperienza, e proprio quando l'esperienza presenta un discorso sulla realtà, anche se è una verità che ci appare lontana, distorta, manipolata, rimane sempre un'esperienza.

La plasticità dell'intervista la rende uno strumento in grado di raggiungere elevati livelli di approfondimento, giungendo a rilevare le ragioni del comportamento, i legami tra i comportamenti e le credenze profonde di un individuo.

Il questionario permette di rilevare i dati più superficiali come gli atteggiamenti del soggetto, risulta, poi, inadatto per indagini esplorative poiché al soggetto viene presentato un ordine predeterminato di contenuti a cui rispondere.

Il questionario, come il P.A.S.I., offre la possibilità di avere a disposizione i dati in maniera aggregata e classificabile in classi di appartenenza, ove la definizione delle categorie di risposta è già data; si potrebbe anche costruire il questionario a partire dall'intervista, ma anche ciò non darebbe ulteriore significato alla storia narrata.

Attraverso, invece, la semplice intervista si dialoga con l'intervistato in merito a quelle tematiche proposte dal ricercatore esplorando i significati che l'intervistato ritiene maggiormente interessanti.

Secondo Denzin e Lincon (1994) l'intervista narrativa, non solo riflette il flusso di significati che la persona utilizza per dare senso alle situazioni, ma consente di accedere alle situazioni stesse, quindi di poter osservare direttamente attraverso gli occhi del soggetto.

Come sostenuto, infatti, da Clandin e Connelly (1994), si può affermare che l'intervista narrativa è uno strumento di rilevazione dell'esperienza personale che contiene sia la possibilità di vedere le situazioni attraverso l'osservazione, sia di comprenderne i significati attraverso l'ascolto.

L'intervista narrativa è caratterizzata dal ruolo attivo dell'intervistatore, dalla durata dell'interazione e dalla definizione del formato del materiale atteso.

L'intervistatore, essendo attivo nella sua funzione, sceglie quando e come intervenire nel processo narrativo potendo intervenire, sostenere, focalizzare ed ampliare il racconto. In questo tipo di intervista egli non è neutro, ma partecipa in maniera consapevole controllando il proprio intervento senza mai influenzare il contenuto (Boje 1991, Gabriel 2000; Lieblich, Tuval-Mashiach, Zilber 1998).

Secondo Smith (1995), infatti, l'intervistatore mantiene un atteggiamento non direttivo volto a stimolare l'eventuale approfondimento per non perdere informazioni utili.

La durata dell'intervista narrativa è maggiore rispetto ad altre interviste poiché essa spazia in un arco temporale da mezza giornata fino a due o tre giorni, permettendo così all'intervistato di attingere alla propria memoria personale scavando in profondità, ripetendo a volte cose già dette, modificando le versioni, divagando, ampliando i suoi punti di vista.

L'intervistatore chiede all'intervistato, con esplicita consegna, di raccontare gli episodi della propria esperienza che considera significativi in riferimento all'oggetto di ricerca. La produzione dei racconti avrà alcune regole come la definizione di uno scenario, di personaggi, di soluzioni (Greimas, 1983; Propp, 1928).

Bichi (2002) distingue i "racconti di vita" (Bertaux, 1998) dalle "storie di vita" (Bichi, 2000).

I racconti centrano l'attenzione su un fatto specifico riconducibile a volte ad un determinato arco temporale, a differenza delle storie che prendono il via dalla richiesta generica di parlare di se stessi.

L'intervistatore dovrà guidare l'intervistato in un processo di continua scoperta.

Secondo Flick (1998) ogni intervista biografica parte da una domanda narrativa generativa che ha lo scopo di stimolare il racconto libero lungo una determinata direttrice.

Ci sarà una partecipazione congiunta tra intervistatore ed intervistato per la produzione delle informazioni.

L'intervistato sarà così libero di narrare la propria storia utilizzando un "canone" condiviso a priori con l'intervistatore.

Secondo Shuetze (2000), l'intervista narrativa, di tipo autobiografico, può essere avvicinata ad un colloquio clinico.

Tuttavia la differenza fra i due approcci è legata al ruolo differente che riveste chi prende l'iniziativa nel colloquio. Nel colloquio clinico l'iniziativa è presa dal narratore che chiede esplicitamente ad un terapeuta di poter raccontare della propria esperienza, un colloquio clinico che nasce quindi dalla volontà del narratore.

Nel caso dell'intervista, invece, cambia il setting, è l'intervistatore che deve stimolare l'intervistato a formulare un racconto.

Ricordiamo comunque che: "il ricercatore si astiene dall'esercitare ogni forma di influenza ed è l'intervistato che determina, dal suo punto di vista particolare, ciò che è rilevante e ciò che non lo è.

L'intervistato è il vero esperto della situazione di intervista." (Cicognani, 2002a, p.61).

2.2 Dove le storie sono più intense: l'ospedale

Il paziente entra in un ordine sociale nuovo a lui sconosciuto, dove deve relazionarsi al personale medico ed infermieristico, sottoporsi ad esami e test, essere collaborativo e passivamente disponibile a tutti gli esami che verranno decisi per lui, al protocollo medico che sceglierà per lui il dermatologo (Gammon, 1998). Ne consegue un impatto psicologico che si può manifestare con reazioni difensive come: ansia, aggressività, regressione, depressione, isolamento, le quali fanno parte di un processo di adattamento alla realtà.

In ospedale, molte volte, non conta quanta gente possa venire a trovarti, a farti compagnia e a darti il suo sostegno poiché si crea una distanza tra coloro che sono sani e chi sta ricoverato, una sorta di spazio quasi infinito. Inoltre, nella vita di un ammalato di psoriasi è facile che ciò accada più volte cosa dovuta ai molteplici ricoveri.

L'ambiente fisico dell'ospedale provoca ansia ed irritazione (Farnè, 2001), senso di minaccia, frustrazione e depressione (Rossi, 2004), anche per una serie di fattori: lontananza dalla famiglia, abbandono delle vecchie abitudini, organizzazione e orari ospedalieri, rumori, limitazione del proprio spazio ed infine perdita della propria intimità.

Dal momento in cui si entra in ospedale, il paziente già preoccupato per la sua malattia e quindi pieno di ansie, è obbligato a sperimentare una serie di situazioni nuove come: indossare un pigiama rinunciando così ai suoi simboli di identità personale quali i vestiti, fare conoscenza con gli altri degenti presenti nella sua stanza.

L'ansia è un vissuto molto comune poiché si può manifestare in relazione a tutti gli aspetti e le fasi dell'ospedalizzazione. Si esprime attraverso alterazioni fisiologiche come quella del sonno, elevati livelli di eccitabilità ed irritabilità.

L'aggressività può essere una reazione al vissuto d'ansia, alla paura delle diagnosi e terapie ma, più in generale alla percezione che i propri bisogni e necessità non vengano capiti e soddisfatti.

Per regressione s'intende il ritorno ad uno stadio di sviluppo precedente, con l'attuazione di comportamenti tipici di tale stadio con un atteggiamento passivo e dipendente dalle cure degli altri.

Dobbiamo, inoltre, ricordare che essendo la psoriasi una malattia cronica, e richiedendo pertanto, più ricoveri durante la vita, l'ospedalizzazione alla lunga può causare un indebolimento della spinta motivazionale del paziente nei confronti del suo iter terapeutico aumentando il suo senso di incertezza verso l'idea di poter guarire.

Il ricovero assume il significato di accudimento, usando le parole di Winnicott (1960), è un holding, poiché configura uno spazio fisico e mentale che separa il paziente ricoverato dal mondo esterno; il soggetto si fa così accudire e curare.

Tuttavia, ad uno studio effettuato in un reparto di degenza dell' I.D.I. (Istituto Dermopatico dell'Immacolata di Roma), i soggetti psoriasici non hanno manifestato aggressività e sono risultati collaborativi.

Somministrando un test sull'autovalutazione e sulla percezione di Sé, è risultato che il 63% considerava la propria vita stressante ed ansiosa, il 37% rilassata e tranquilla e ben il 95% dei soggetti si vergognava e provava disagio nelle relazioni con gli altri.

L'80% dei pazienti ha riferito che la psoriasi si è alleviata in seguito ad un ricovero successivo ad un evento stressante; assumendo così il ricovero un significato di diminuire lo stress emotivo diviene, però, inadeguato se al suo termine non si è attenuato l'evento.

I soggetti con psoriasi tendono ad evitare-negare i sentimenti ed i conflitti, non mostrano un'adeguata intensità emotiva ai racconti che hanno esposto.

Il tratto psicologico che emerge è l'asocialità, dovuta ad un'ansia legata ai rapporti umani a causa del timore di essere giudicati negativamente dagli altri.

Capitolo III: La comparazione dei due studi effettuati. Il primo studio

Il primo studio analizza 11 storie narrate da 9 uomini e 2 donne di età compresa tra 26 e 75 anni, di cui 4 al primo ricovero e 5 degenti per ricoveri successivi attraverso interviste effettuate in ospedale da uno studente di psicologia anch'esso ricoverato per trattamenti.

I dati sono stati analizzati secondo la Grounded theory (Strauss & Corbin 1990) attraverso il supporto di ATLAS.TI.

3.1 Obiettivo, metodologia, contesto, strumenti e partecipanti della ricerca

La ricerca è stata effettuata attraverso l'utilizzo dei racconti autobiografici, mirata a capire come soggetti affetti da psoriasi riescano a con-vivere con questa malattia, dove e come sorgano i maggiori problemi di interazione con l'altro. Inoltre, lo scopo della ricerca è stato di comprendere il motivo che spinge i soggetti a ricoverarsi, capire cosa per loro è grave o insostenibile.

Il lavoro è stato effettuato con un approccio alla ricerca della Grounded theory. Tale tipo di ricerca, è qualitativo di tipo interpretativo finalizzato alla costruzione di una teoria del fenomeno studiato. E' stata introdotta in ambito sociologico negli anni sessanta da Glaser e Strass (1967) e successivamente rielaborata da Glaser e Corbin (1990), Pidgeon e Henwood (1997) e Charmaz (1995).

La Grounded theory methodology viene usata non solo in sociologia, ma anche in psicologia (Cicognani, 2002; Henwood e Pidgeon, 1992). Essa privilegia la scoperta di una teoria emergente dai dati piuttosto che la ricerca in essi di costrutti esistenti.

Il concetto di ricerca è un processo circolare che prevede una continua interazione fra raccolta di dati, formulazione ipotesi e verifica dei dati. Secondo Glaser e Strauss (1967) e poi Strauss e Corbin (1990).

Il ricercatore dovrebbe accostarsi ai soggetti del suo studio senza alcun modello teorico che guidi la conduzione delle interviste, né l'ordine delle domande, e neanche l'interpretazione dell'intervista.

"L'interpretazione è il punto di riferimento per prendere decisioni, su quali dati o casi interagire nelle analisi seguenti e sui metodi sui quali raccoglierli" (Cicognani, 2002 pp. 93).

3.2 Contesto e intervistatori

Al fine di analizzare i contesti di cura della malattia e per poter capire le difficoltà dei pazienti nel loro vivere quotidiano con la psoriasi, sono state effettuate diverse osservazioni ed interviste narrative nella sala d'attesa ambulatoriale e nel reparto di ricovero di dermatologia del II Policlinico di Napoli.

La peculiarità di questa ricerca è data dalla modalità delle storie narrate in quanto esse sono narrate non a uno psicologo, ma a un paziente psicologo che può capire e comprendere il disagio di chi vive con questa malattia. L'intervistatore oltre ad essere uno psicologo è anche un ammalato di psoriasi.

Secondo il modello proposto da Studs Terkel (1972), dopo la presentazione dello psicologo come conoscitore in prima persona della malattia, è stato acceso il registratore chiedendo all'intervistato di iniziare a parlare della propria storia di convivenza con la psoriasi e del rapporto con gli altri come ammalato di psoriasi.

Le osservazioni, nel contesto ospedaliero, sono state effettuate con un approccio etnografico, al fine di comprendere i significati sociali e le attività dei malati di psoriasi nell'ambiente pubblico dove essi cercano di migliorare le loro condizioni di salute. Si é riportata la descrizione della struttura ospedaliera, delle stanze dell'ambulatorio e della degenza allo scopo di capire come i malati di psoriasi si rapportassero con gli altri e se per loro vi erano difficoltà nella stessa struttura ospedaliera.

3.3 Strumenti

Per supportare l'intervistatore nella interazione con i narratori è stata costruita una griglia di guida all'intervista (tab. 1), che focalizza le seguenti tematiche: la malattia e la cura, come il soggetto vive il rapporto con sé, con gli altri e in particolare in rapporto alla famiglia e al lavoro.

Malattia

Cosa conosce della malattia?
Segue fedelmente la cura?
Ha fiducia nel suo medico?
Durante la cura nota miglioramenti o pensa che sia inutile?

Come la vive in rapporto a sé

Come vive il suo stato attuale? (Se non è allo stato iniziale della malattia)

E' cambiato il suo modo di vivere rispetto al passato?

Da quando?

Si sente la psoriasi solo sulla pelle?

Se NO, Dove?

Che sensazione prova?

Ha la percezione che i suoi dolori non riguardino solo le sue articolazioni?

(Se soffre anche di artropatia)

Come la vive in rapporto con gli altri

Si sente giudicato dagli altri? discriminato?

Ricorda un episodio particolare che le è successo?

Me lo può raccontare?

Riceve aiuto e/o supporto da qualcuno?

La sua malattia le crea disagio nella vita quotidiana?

In che modo e/o in che occasione?

Pensa di poter guarire?

In quanto tempo? Come?

Le persone che le stanno accanto come pensa che vivano la sua malattia?

Ha percepito differenze rispetto al passato da parte di queste persone?

Si sente (Supportato/Compreso/Aiutato) moralmente?

Da chi? Come?

Mi può raccontare un esempio di quando si è sentito supportato?

In che modo?

Quando si è sentito veramente supportato?

Quanto spesso le capita di sentirsi supportato o incompreso?

Che consigli darebbe a chi soffre di questa malattia?

Vorrebbe parlarne con altri ammalati?
Mi racconta una sua fantasia per guarire?
Cosa è stato per Lei parlare con me?
Vuole aggiungere altro?

Griglia 1: Guida per l'intervista

3.4 Partecipanti

Sono stati intervistati pazienti ricoverati a causa della psoriasi, nel mese di Aprile 2008, nove uomini e due donne, nella fascia d'età compresa tra i 26 ed i 75 anni (tab. 2).

Media è di 52 anni, la mediana è 57.

La presenza in ospedale è stata di 6 giorni.

Le interviste sono state effettuate sia nelle camere di degenza, sia al di fuori, in una saletta adibita a chiesa per la domenica. Hanno avuto ciascuna una durata compresa tra un'ora e le tre ore. Sono state effettuate con registratore in un ambiente tranquillo e riservato del reparto, al di fuori degli orari di visite, e di funzionamento sanitario del reparto.

Le professioni degli intervistati sono diverse, le due donne casalinghe, tre uomini pensionati.

Gli altri sei uomini con professione: commerciante, operaio, pescatore, pizzaiolo, carabiniere, operatore ecologico.

Quattro residenti a Napoli, cinque residenti in comuni limitrofi e nella provincia di Napoli, uno in un'altra città, ed uno in un'altra regione, pur essendo di origine napoletana.

Il livello d'istruzione è risultato essere mediamente basso, uno analfabeta, una donna con terza elementare, quattro con licenza elementare, tre con licenza media, due con diploma (tab. 3).

Degli intervistati, sette erano al loro primo ricovero. Cinque uomini e due donne, gli altri quattro a ricoveri successivi.

I motivi dei ricoveri sono diversi, anche se i principali sono due: un alto grado del P.A.S.I., per cui il dermatologo ha ritenuto opportuno ricoverare il paziente per migliorare le sue condizioni, l'altro testare nuovi protocolli di cura come i farmaci biologici.

Tabella 1: Distribuzione per fasce d'età dei partecipanti allo studio I

Fasce d'età	Frequenza	%
Età compresa tra 18 e 30 anni	2	18.2
Età compresa tra 31 e 40 anni	1	9.1
Età compresa tra 41 e 50 anni	2	18.2
Età compresa tra 51 e 60 anni	1	9.1
Età compresa tra 61 e 70 anni	3	27.2
Età compresa tra 71 e 80 anni	2	18.2
totale	11	100

Tabella 2: Distribuzione per titolo di studio dei partecipanti allo studio I

Titolo di studio	Frequenza	%
Analfabeta	1	9.1
Licenza elementare	5	45.5
Licenza media inferiore	3	27.2
Diploma	2	18.2
Minilaurea	0	0
Laurea	0	0
totale	11	100

3.5 Come analizzare i dati con Atlas.ti

Atlas.ti è il software che è stato utilizzato per analizzare le interviste effettuate presso l'Università di Napoli Federico II.

Tale software è stato programmato per essere utilizzato compatibilmente con l'approccio della Grounded theory. Le operazioni svolte attraverso il software, aiutano a gestire l'analisi dei dati qualitativi (Coffey, Holbrrok e Aktinson, 1996). Con il progredire dell'analisi dei dati, il ricercatore si avvicina al definire e perfezionare il modello teorico emergente dai dati. Si procede con la creazione dell'unità ermeneutica (HU) che contiene tutto il materiale raccolto, le interviste sono state inserite dopo averle trascritte. L'analisi è stata elaborata su ogni singola intervista, mettendo in evidenza le porzioni o parti di testo più significative (quotation).

La fase di codifica, è suddivisa in tre momenti: aperta, assiale e selettiva.

Nella codifica aperta, si riconducono le diverse informazioni in concetti generali di significato rilevante.

Successivamente si passa alla codifica assiale ove sono scelte le categorie più rilevanti per l'analisi, definendo le diverse relazioni tra i codici. Relazioni di: casualità, contiguità, opposizione, inclusione attraverso l'utilizzo degli operatori logici, semantici e di prossimità. Nel perfezionare questa codifica si possono raggruppare anche i codici con affinità, in una famiglia di codici più ampia.

Infine, nella fase selettiva, s'individua una categoria centrale intorno alla quale ruotano le altre.

3.6 Analisi dei risultati

L'ospedale è una risorsa cui far ricorso spesso per i casi di psoriasi più grave. Pertanto, sono state effettuate diverse osservazioni in un ambulatorio e nel reparto di dermatologia del secondo Policlinico di Napoli, per capire come i pazienti, affetti da Psoriasi, affrontino nella loro vita quotidiana, il rapporto con questa istituzione.

La presenza come osservatore non è stata nascosta alle persone presenti essendo questa un'osservazione di tipo partecipante. Essa ha permesso di osservare ciò che accade alla prospettiva dei membri; convivendo la vita e le attività compiute dai partecipanti, con lo scopo di cogliere il loro punto di vista su ciò che accade attraverso l'esperienza personale, le osservazioni e le conversazioni (Cicognani, 2002).

Le osservazioni nella sala d'attesa e nel reparto di degenza hanno evidenziato che chi è affetto da psoriasi tende molto a cercare il dialogo con un altro psoriasico.

Si confronta sulla malattia, sulle cure, cerca di condividere sulle difficoltà quotidiane che la malattia crea.

Generalmente coloro che sono ammalati da poco tempo si sono mostrati più ansiosi, più desiderosi di avere spiegazioni, mostrando, così, la speranza di poter ancora guarire, hanno anche mostrato un'alternanza di sentimenti: speranza di guarire e la paura che ciò non sia possibile.

Chi soffre della malattia da anni è ormai cosciente che la psoriasi, dal suo corpo non scomparirà.

Si è evinto un forte senso di appartenenza ad un gruppo, sia tra gli ammalati ricoverati sia tra quelli in attesa della vista in ambulatorio.

Questo coinvolgimento fa sì che essi non si sentano soli.

Le diverse ore di osservazione sono servite a conoscere i sistemi relazionali instauratosi fra gli ammalati di psoriasi, in un ambiente, quale l'ospedale, che per loro è fondamentale perché è un ambiente di speranza, di conoscenza e di guarigione.

Tutto il lavoro raccolto, insieme alle interviste individuali è stato analizzato con Atlas.ti.

Il materiale testuale analizzato è stato preliminarmente classificato in dieci categorie che comprendevano, tra l'altro: Malattia, Diniego, Famiglia, Amici, Altro/i, Vergogna, Paura, Speranza, Guarigione, Lavoro.

Dall'analisi della codifica aperta, i codici emersi sono stati raggruppati nelle seguenti macrocategorie: percezione della malattia, l'immagine del sé, le relazioni con gli altri.

La macrocategoria include le relazioni con: la famiglia, gli amici, i colleghi di lavoro e l'altro inteso come estraneo, e la percezione del sé nel futuro influenzata direttamente dalla fiducia o dalla speranza che hanno attualmente i malati di poter guarire o meno.

Successivamente sono stati individuati i legami e le connessioni fra le categorie individuate, giungendo all'individuazione di una core category esplicativa del fenomeno rappresentata dal mare, dal rapporto che i soggetti con psoriasi hanno con il mare, dove devono mettere per forza a nudo il proprio corpo.

3.7 Percezione del sé

La psoriasi in molti casi è vissuta come raccontato dagli intervistati, come patologia di difficile diagnosi.

Infatti, è stata diagnosticata alle prime visite come patologia diversa. Solo dopo lunghi percorsi è stata appurata la sua presenza, ciò in alcuni casi, è spiegato dal paziente come una punizione ricevuta per una colpa non commessa.

…non me l'hanno detto subito che era psoriasi, …mi dicevano che avevo una Nite. Poi mano a mano, con le visite successive mi dissero che era psoriasi…

…Mi chiedo perché proprio a me? Perché mi è capitata questa malattia? La potevo evitare?…

(Donna, 26 anni, casalinga, licenza media)

…pensavo fosse una sciocchezza, il sudore e così man mano si è aggravato il cuoio capelluto…

(Uomo, 56 anni, pescatore, licenza elementare)

…La prima volta mi è comparsa dietro al braccio destro…mi disse che era Psoriasi e che non c'era niente da fare…
(Uomo, 60 anni, pizzaiolo, licenza media)

…Purtroppo è toccato a me ed io me le tengo…
(Uomo 65 anni, pensionato, licenza elementare).

L'immagine di sé, che hanno molti degli intervistati, è un'immagine sporca e mostruosa, dove il proprio corpo è visto trasformato in qualcosa di mostruoso, a volte estraneo al proprio sé.

La psoriasi, dagli ammalati, è vista in maniera diversa, come: delle "crosticine", della forfora, delle "tracchie", delle "scorze", come qualcosa di sporco di cui vergognarsi, qualcosa che fa "schifo" al punto tale da non potersi guardare neanche allo specchio, come un male che tramuta la pelle in qualcosa di mostruoso:

…quella polvere sulle maglie…togliere le crosticine…

(Donna, 26 anni, casalinga, licenza media);

…è uscita …le prime forme di …'a 'rattatella n'cap…

(Uomo, 37 anni, militare, diploma)

…la prima volta mi comparvero piccole macchioline, poi si sono estese su tutto il corpo…

(Uomo 29 anni, operaio, licenza media)

…delle tracchie addosso, delle croste che non si volevano togliere più… tutte quelle scorze addosso… Ero un mostro, un mostro…

(Uomo, 56 anni, pescatore, licenza elementare)

…non ce la faccio neanche a guardarmi allo specchio, basta che ti muovi i vestiti addosso e cade la pelle…

(Uomo, 63 anni, operatore ecologico, licenza elementare).

Dalle interviste, si rileva una forte percezione della malattia il diniego della stessa da parte dei narratori con la conseguente concezione di contraddizione che essi hanno della psoriasi, vissuta da un lato come malattia cronica e quindi grave, dall'altro come malattia non mortale e quindi non grave.

Alcuni esprimono un atteggiamento di accettazione che porta al sentire di poter convivere con la malattia, in quanto è possibile nascondere la malattia agli altri.

3.8 Il diniego della malattia: la contraddizione

La psoriasi è una malattia contraddittoria perché in molti casi, pur curandosi, il paziente da un giorno all'altro si aggrava. I soggetti affetti da questa malattia la ritengono grave perché è cronica e recidivante, ma allo stesso tempo la ritengono non grave perché è una malattia non mortale e non infettiva.

Pur sapendo che è una malattia cronica, molti narratori hanno la speranza di poter guarire definitivamente.

…da quel giorno, al giorno dopo si riempì di psoriasi tutto il corpo…
(Uomo, 56 anni, pescatore, licenza elementare)

…Spero sempre che si possa trovare qualche farmaco per poter guarire…
(Uomo, 45 anni, commerciante, diploma)

…E' una malattia brutta, ma ce ne stanno e'pegg!…

Oramai ci sto convivendo eh eh …con questa cosa, me l'aggia tenè!…
(Uomo 65 anni, pensionato, licenza elementare)

…il medico ha detto che si toglie, ma non ci credo, non ho fiducia ho la speranza di guarire, sempre! Sogno sempre di poter guarire…
(Donna, 40 anni, casalinga, terza elementare)

…dico che è un'allergia, uno sfogo di pelle, cerco di non dirlo, di evitarlo…
(Donna, 26 anni, casalinga, licenza media)

…è successo quattro, cinque mesi fa quando è morta mia mamma che è esploso tutto, è aumentata su tutto il corpo…
(Uomo, 60 anni, pizzaiolo, licenza elementare)

3.9 Convivere: quando si può nascondere

Se possibile, gli psoriasici non si nascondono solo agli estranei, ma anche agli amici e ai parenti coprendosi con indumenti quali cappelli e guanti, pantaloni lunghi, maglie e camicie a maniche lunghe.

…Nella sfortuna di avere questa malattia sono stato fortunato perché non l'ho mai avuta sul viso, quindi la potevo nascondere bene. Quando l'ho tenuta questa psoriasi, sono stato sempre commigliato…
(Uomo, 71 anni, pensionato, licenza elementare)

…Se sono vestito vado ovunque anche se l'ho sulle mani, mi metto i guanti ed esco, ma non esiste che mi metto un pantaloncino corto. Metto sempre le maglie a maniche lunghe…
(Uomo, 63 anni, operatore ecologico)

…Tutti quanti m'hann verè senza a coppola 'ncapa e senza i guanti, c'aggia fa na stretta e man e… vafancul eh eh eh! …(Uomo, 56 anni, pescatore, licenza elementare)

…Quindi la psoriasi si nota subito. Si nota subito e quando mi guardano, cerco di spezzare il discorso e quando meno posso stare con le mani fuori, mi metto le mani sulle ginocchia, cerco di non metterle al pubblico…

(Uomo, 65 anni, pensionato, licenza elementare)

…sono fortunato perché l'ho nelle parti che non si vede, per me è un vantaggio…
(Uomo, 37 anni, militare, diploma)

…mi interessa di questa malattia perché è sulle mani, mi dà fastidio perché non posso esercitare il lavoro, fino a quando era solo sul corpo non me ne importava…
(Uomo, 60 anni, pizzaiolo, licenza elementare)

A volte, non potendo nascondere la malattia, perché troppo grave, hanno preferito chiudersi in casa.

…mi preoccupavo, uscivo qualche volta in meno per non farmi vedere…
(Uomo, 29 anni, operaio, licenza media)

…quando sto bene esco, ma se ho la psoriasi mi chiudo in casa e non esco proprio…
(Donna, 40 anni, casalinga, terza elementare)

…non mi sento a mio agio, non voglio stare con gli altri, evito i contatti con gli altri, mi chiudo in casa con me stessa…
(Donna, 26 anni, casalinga, licenza media)

3.10 L'immagine del sé come sporca e mostruosa

La psoriasi influenza anche la percezione del proprio sé e soprattutto della propria immagine, perchè deve essere nascosta agli altri, che subito osservano, commentano e giudicano, come se applicassero sulla pelle, già devastata dalla malattia, un'etichetta di sporco o infetto.

...Quando la gente mi vede con tutta quella polvere sulle maglie, il rossore sul viso, è una vergogna, ... mi faccio io molti pensieri, io mi vedo un mostro, mi sembra che ho la varicella ed il morbillo...
(Donna, 26 anni, casalinga, licenza media)

...tenev per tutt parte, stev inguaiato, po' me bruciava. O bruciore come e corde e pugnamient o sangh che voleva sfugà... e ascev o sangh....
(Uomo, 75 anni, pensionato, analfabeta)

…Che dà solo fastidio, l'ho da vent'anni e a mano a mano che andavo avanti si sviluppava sempre di più. Come ho fatto vedere, sono pieno…

(Uomo, 65 anni, pensionato, licenza elementare)

3.11 Le relazioni con: famiglia, amici, colleghi di lavoro, altri

Dalle interviste emerge che la psoriasi, sembra incida nelle relazioni che gli intervistati hanno con il mondo sociale, modificandone le relazioni interpersonali.

Si rafforzano o si sono rafforzate le relazioni in famiglia e con gli amici, ma si evitano in maniera più assoluta quelle con gli estranei i quali non devono sapere della malattia per non venirne stigmatizzati.

Il bisogno primario di ogni ammalato è quello di comunicare e tranquillizzare gli altri che la psoriasi non è una malattia infettiva

La relazione con la famiglia: per la maggior parte dei pazienti intervistati è il partner la figura che li supporta e li aiuta, come una sorta di madre protettrice e contenitore delle angosce (Winnicott, 1960).

In alcuni casi, però, la malattia minaccia e logora il rapporto tra i coniugi, il rapporto intimo viene attaccato o a causa dei sintomi fisici come bruciore e prurito o causa della paura del contatto intimo col partner dovuta al proprio corpo martirizzato e orrendo.

…Mia moglie, sai le donne come sono, sempre a pregare, Padre Pio ti fa la grazia, non avere paura, si toglie, sempre si trova una soluzione.

Lei mi vestiva, mi metteva la maglia, il pigiama, i calzini, le scarpe, non potevo fare nulla, faceva tutto lei…

(Uomo, 56 anni, pescatore, licenza elementare)

…In questi anni, mia moglie mi è sempre stata vicino, mi ha incoraggiato sempre dicendomi che non avevo niente di grave, raccontandomi anche piccole bugie che mi hanno sempre aiutato a reagire positivamente…

(Uomo, 71 anni, pensionato, licenza elementare)

…mia moglie è lei che mi sta più vicino, mi dice di non preoccuparmi, che qualche giorno uscirà qualche cura, che starò bene…

(Uomo, 29 anni, operaio, licenza media)

...E' mio marito che va a fare la spesa, accompagna e va prendere i bambini a scuola...

Mio marito mi dà molto aiuto morale, mi rianima, mi fa ridere, mi fa scherzare, i bambini mi fanno dimenticare...

...ho irritazioni non riesco a stendermi, non riesco a stare con mio marito nei rapporti sessuali...

(Donna, 26 anni, casalinga, licenza media)

...Mi dà fastidio che mia moglie mi guarda anche se non mi ha mai detto nulla, sono io che a volte evito, se prima stavo due volte con mia moglie ora ci sto mezza volta. E' una cosa mia personale, fisicamente io mi sento bene, ma la psoriasi è una cosa vergognosa...

(Uomo, 63 anni, operatore ecologico, licenza elementare)

...anche con mia moglie, sappiamo nel letto quello che succede, e la maggior parte delle volte dico fammi mettere il pigiama addosso proprio per non avere contatti vicino e compagnia bella.

Ho proprio soggezione…

(Uomo 65 anni, pensionato, licenza elementare)

La relazione con gli amici: Gli amici sono visti dagli psoriasici, in alcuni casi come coloro che possono sapere della malattia ma, in altri casi come coloro che assolutamente non devono sapere.

Se sono a conoscenza della malattia, sono un valido aiuto, oltre alla famiglia.

…non potevo andare mai al mare con i miei amici, andavo da solo e quando ci andavo, mi mettevo, asparato sugli scogli per non farmi scorgere…

(Uomo, 71 anni, pensionato, licenza elementare)

…Io ho sempre nascosto di averla agli amici…

(Uomo, 63 anni, operatore ecologico, licenza elementare)

…c'è anche una mia amica che mi aiuta, ad uscire…

(Donna, 40 anni, casalinga, terza elementare)

…solo gli amici si mettono a scherzare e mi dicono che ho e'purucch o a'zella…
(Uomo, 56 anni, pescatore, licenza elementare)

…I miei amici mi aiutano al lavoro…
(Uomo, 29 anni, operaio, licenza media)

La relazione con i colleghi di lavoro: Il lavoro è stato più volte direttamente influenzato dalla psoriasi quando essa, manifesta sulle mani, ha impedito di poter lavorare.

Se con i colleghi di lavoro è instaurato un rapporto di amicizia allora si lavora serenamente, viceversa se la relazione non è amicale il lavoro diventa sofferenza e di vergogna.

…Fortunatamente io ho fatto un lavoro che mi fa dimenticare, mi distrae, Al lavoro fortunatamente hai poche cose da fuori, le mani ultimamente…si lavora con i guanti, specialmente io ho sempre portato i guanti…

(Uomo, 65 anni, pensionato, licenza elementare)

…Anche nell'ambito lavorativo se mi devo fare una doccia non me la faccio, la faccio a casa…

(Uomo, 63 anni, operatore ecologico, licenza elementare)

…magari i colleghi di lavoro lo sanno e non ci fanno neanche più caso e non fanno neanche più domande, però quando arrivano colleghi nuovi, chi non lo sa, fa la faccia un po' strana, pe dicer…che cazz tieni n'cap…

(Uomo, 37 anni, militare, diploma)

…la psoriasi mi ha costretto a cambiare lavoro…

(Uomo, 29 anni, operaio, licenza media)

La malattia è ritenuta anche un'ingiustizia subita perchè impedisce di poter lavorare a chi ha lavorato una vita intera.

…Attualmente ho scelto io di non lavorare, come si fa a mettere queste mani su un banco? …

(Uomo, 60 anni, pizzaiolo, licenza media)

La relazione con l'altro come estraneo: L'altro è colui che non può sapere perché non può comprendere il dolore e la sofferenza che porta la malattia, non può aiutare.

L'altro è colui da cui si è giudicati e stigmatizzati, l'altro deve solo sapere che è una malattia non infettiva.

…la gente dice quanta forfora perché non ti fai lo shampoo antiforfora?… mi hanno consigliato più volte vivamente di usare shampoo antiforfora…

(Uomo, 45 anni, commerciante, dipoloma)

…Con tutti gli altri mi dà fastidio più sul viso perché è la prima cosa che si vede, poi quando viene l'estate uno deve portare le maglie a mezze maniche, i pantaloncini è una vergogna….. uno si deve mettere a spiegare la malattia, come è fatta e perché, poi alcuni che non capiscono la malattia possono pensare che è infettiva perché la prima cosa che pensano… se parlo con uno che non l'ha e che non la sa, è come se parlassi col muro, ti guarda ti può capire dicendo…non ti può capire alla fine!…

(Donna, 26 anni, casalinga, licenza media)

…dà fastidio che la gente ti guarda e non riesce a capire che questa malattia non è infettiva, e allora ti guarda… Tu ti senti proprio osservato…

(Uomo, 60 anni, pizzaiolo, licenza media)

…Quindi la psoriasi si nota subito. Si nota subito e quando mi guardano, cerco di spezzare il discorso e quando meno posso stare con le mani fuori, mi metto le mani sulle ginocchia, cerco di non metterle al pubblico…

(Uomo, 65 anni, pensionato, licenza elementare)

…Gli estranei ti giudicano, ricordo che nel pullman mi guardavano e mi dava fastidio, mi nascondevo le mani, mi guardavano strano e io ho detto che non ammesca, non ho l'aids…

(Donna, 40 anni, casalinga, terza elementare)

…Il problema è dell'immagine, avendo una divisa addosso le squame sulla divisa si vedono, quando sto di fronte la persona, la sto interrogando, lui mi guarda sulle spalle e non in faccia, mi sento in imbarazzo, nun me penza…mi guardavano e mi evitavano e parlavano, quando stavo sulla pedana correndo due persone, due donne tra l'altro, parlavano tra di loro e guardavano me e facevano qualche battutina, non sono riuscito a capire però dai gesti e dai movimenti stavano guardando proprio il fattore che ci avevo in testa che era in fase acuta, ci sono rimasto male ….

(Uomo, 37 anni, militare, diploma)

…mi ha chiesto cosa avessi ed io gli ho detto "fatti i cazzi tuoi", forse se non mi era antipatico gli avrei dato anche una spiegazione, uno che mi parla la prima volta non può chiedere…

(Uomo, 29 anni, operaio, licenza media)

...ma se me ne accorgo che qualcuno mi guarda io penso che ci sia qualcosa che non va e me ne vado, penso subito che la causa sia la psoriasi...

(Uomo, 63 anni, operatore ecologico, licenza elementare)

...Ho visto qualcuno che ha salutato con la mano a qualcuno, poi quando la dovevano dare a me, si sono girati di spalle ed hanno detto "va bene, ci vediamo"...

(Uomo 65 anni, pensionato, licenza elementare)

3.12 Percezione del sé nel futuro

Dalla ricerca si evince che gli intervistati al loro primo ricovero hanno un'alta aspettativa di guarigione in quanto il miglioramento viene vissuto come la "guarigione".

Una guarigione che, sebbene momentanea, porta in ogni caso gioia e felicità, senza far pensare al futuro, quando la malattia comparirà nuovamente, essendo essa cronica. Ciò avviene perché per quei pazienti quel futuro è lontano.

Coloro che non sono al primo ricovero mostrano di non avere grandi aspettative di guarigione, ma solo la necessità di migliorare la condizione attuale, pur avendo sempre la speranza di trovare, grazie ai nuovi farmaci e ai nuovi protocolli, una cura che dia risultati più duraturi.

…mi sono quasi rassegnato a venire a vedere se posso fare qualcosa, ho sempre la speranza che potrei migliorare, anche dopo se mi daranno delle cure, io le farò anche se a dire il vero sul corpo non mi interessa tanto, ma mi interessa sulle braccia e sulle mani… Sto qui con la speranza che trovino una cura…

(Uomo, 60 anni, pizzaiolo, licenza media)

…Mi sento male, mi sento un bruciore addosso, mi sento qualcosa dentro, la mia vita è finita, mi sento male, pure la faccia, non si toglie più, il medico ha detto che si toglie, ma non ci credo, non ho fiducia…

(Donna, 40 anni, casalinga, terza elementare)

…E' una malattia con cui devi convivere che devi sopportare nonostante ti fa schifo…

(Uomo, 63 anni, operatore ecologico, licenza elementare)

…Avevo la fiducia nel biologico, ma visto come stanno andando le cose mi sento sfiduciato, hanno detto vieni qua e facimm' a biologica, ma qualunque cosa che io faccio e decido di fare nun 'va…

(Uomo, 37 anni, militare, diploma)

…Adesso stanno sperimentando questa nuova cura, speriamo vada bene…
(Uomo, 29 anni, operaio, licenza media)

3.13 Il mare odore di salsedine e senso di vergogna

Nella fase di codifica selettiva dall'analisi del materiale testuale sembra emergere, quale "core category" l'idea del mare come luogo della contraddizione. Così come il laghetto fu fatale fisicamente a Narciso ed alla sua bellezza, il mare è "fatale" psicologicamente agli intervistati.

Il mare è la contraddizione che accompagna il vissuto di tutti gli intervistati, è il contesto che funge da assetto comune in tutte le interviste, il luogo dove il vissuto di vergogna e stigmatizzazione sembra concretizzarsi.

Il mare è considerato, perchè visto potente ed infinito, fonte di vita e di benessere, in quanto, combinato all'azione dei raggi solari, risulta essere curativo per la psoriasi.

Al contempo, però, esso nonostante la sua immensità comporta comunque il contatto visivo con l'altro nel momento in cui ci si mostra completamente, senza potersi nascondere attraverso gli indumenti, che proteggono dall'altrui sguardo e giudizio. Il mare inteso pertanto come luogo dove ci si sente nudi di fronte allo sguardo intrusivo degli altri.

Il mare, in estate, diviene l'hic et nunc, dove si deve fronteggiare la malattia agli occhi dell'altro, dove non ci si può più nascondere, non si può fuggire, il problema diviene, quindi, qui ed ora più forte che mai.

Il mare, a seconda della gravità della malattia, assume per gli intervistati diversi significati, potrebbe essere così rappresentato: come un paradiso, come un purgatorio o come un inferno.

Il mare come luogo di paradiso: Il mare, è visto come un luogo di salvezza, quasi un paradiso terrestre, per la sua azione benefica che aiuta il malato a guarire.

…Ora prenderò sole e mare, l'acqua di mare fa bene, la salamastra…Mi piacerebbe che il vento…mare, vento portale in acqua…

(Uomo, 56 anni, pescatore, licenza elementare)

…due bagni mi sono andato a fare, subito si è tolta…
(Uomo, 37 anni, militare, diploma)

…a me in estate passa completamente…
In estate non ho problemi…
(Uomo, 45 anni, commerciante, diploma)

…dovevo solo prendere il sole e l'acqua di mare…
(Uomo, 60 anni, pizzaiolo, licenza elementare)

Il mare come luogo di purgatorio: Il mare che aiuta a guarire diviene, però, come un purgatorio perché la guarigione è accompagnata dalla sofferenza di essere solo.

Non in compagnia di amici, evitando gli estranei, avvertendo il bisogno di doversi nascondere e isolare, per la paura e per la vergogna di essere visti.

Ottenere un beneficio, ma essere soli, quasi a voler sottolineare questa modalità per espiare le proprie colpe.

…Non potevo andare mai al mare con i miei amici, andavo da solo e quando ci andavo, mi mettevo, aspartato sugli scogli per non farmi scorgere dai miei compagni. Restavo solo per non farmi vedere dai miei amici…da nessuno…

(Uomo, 71 anni, pensionato, licenza elementare)

Il mare come luogo di inferno: Infine, c'è il mare vissuto come un inferno. Ciò avviene per chi il mare lo ama, ma ne è stato privato a causa della sua malattia.

Privato di una necessità e di un bisogno, di "vivere" il mare con persone care quali i nipotini, ma non lo può fare perché la manifestazione della psoriasi gli causa tanta vergogna, di doversi mostrare in costume e apparire come "un mostro".

…Non ne parliamo del mare, non ci vado, oggi come oggi sono quasi quindici anni che non esiste più il mare. Quando fa caldo il sole lo vado a pigliare sopra all'astc'. Anche se il sole fa bene e lo so, non vado al mare, non esiste preferisco andare sopra all'astc' di casa mia.

Ho otto nipotini, figurati un po' se non vorrei andare la mare, lascio immaginare…

(Uomo, 63 anni, operatore ecologico, licenza elementare)

…evitavo di spogliarmi quando andavo a mare, evitavo io perché avevo vergogna di farmi vedere…

(Uomo, 29 anni, operaio, licenza media)

C'è, poi, chi va al mare affrontando la propria paura, quella di essere guardato, e cerca, tuttavia, di nascondersi il più possibile stando nell'acqua, girandosi, coprendosi.

Restare al mare pur soffrendo.

…vedono che hai tutto quello sulle gambe non è piacevole vedere che la gente che ti guarda, una volta ti butti nell'acqua, una volta ti giri dall'altra parte, una volta ti metti seduto, cerchi di riparare ma questo è…

(Uomo, 65 anni, pensionato, licenza elementare)

Il mare come luogo obbligato per il benessere dei propri figli, ma sofferenza propria perché dover rimanere vestiti. Sofferenza a cui ci si sente obbligati.

…poi quando viene l'estate uno deve portare le maglie a mezze maniche, i pantaloncini è una vergogna, io in queste condizioni non andrei mai al mare. Sono andata al mare vestita, ma sulla spiaggia con i bambini sono rimasta vestita perchè avevo vergogna che la gente mi guardava e mi giudicava in quelle condizioni, chiedendosi cosa avessi…
(Donna, 26 anni, casalinga, licenza media)

Anche chi non ha una forma grave di Psoriasi definisce il mare come un luogo impossibile da vivere serenamente poiché c'è sempre chi ti guarda e ti giudica.

…Ci sono persone che l'hanno su tutto il corpo, e penso quelle persone che un domani vanno a mare e si devono spogliare

copp o mare, fanno venire…fanno girare tutta la spiaggia…
(Uomo, 37 anni, militare, diploma)

Poter vivere e convivere con la propria malattia, ma solo se l'altro non la vede, perché l'altro non può capire e comprendere, anzi ti osserva, ti scruta, ti giudica per poi stigmatizzarti. Si è sempre soli con il proprio male, come davanti ad uno specchio opaco che riflette un'immagine distorta e mostruosa … la tua.

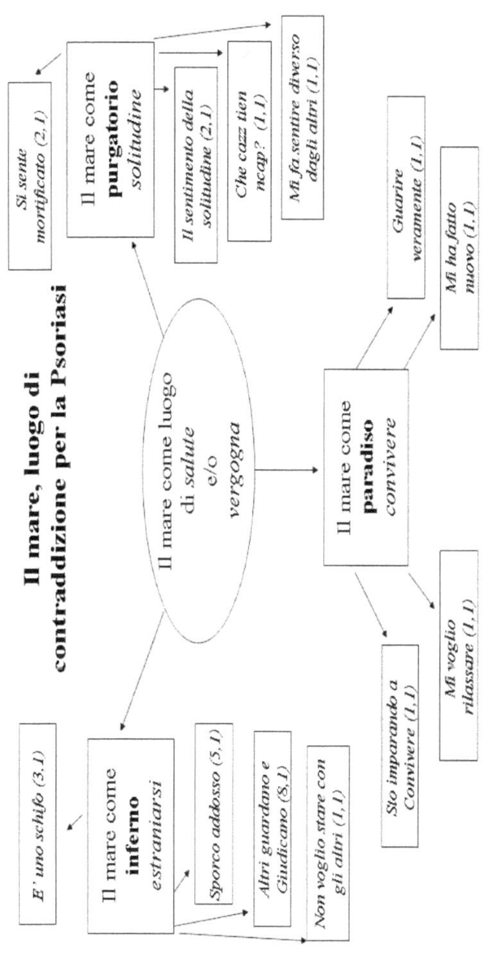

Figura 1: Core category: il mare luogo di salute e/o vergogna

Capitolo IV: La comparazione dei due studi effettuati. Il secondo studio

Il secondo studio analizza 18 storie narrate da 13 uomini e 5 donne di basso livello scolastico di età compresa tra 19 e 72 anni, da uno psicologo nell'ambito della visita di ammissione.

I dati sono stati analizzati secondo la Grounded theory (Strauss & Corbin 1990) attraverso il supporto di ATLAS.TI.

4.1 Obiettivi e metodologia

L'obiettivo del presente studio è stato indagare ancor più approfonditamente la relazione dello psoriasico con la malattia e con il contesto di vita, analizzando il fenomeno, così come viene espresso nella interazione con lo specialista.

La griglia utilizzata per l'intervista è la stessa dello studio I; la ricerca è stata effettuata nello stesso ospedale effettuando le interviste in uno studio medico nell'ambito dell'anamnesi psicologica durante la prima visita di ammissione al reparto.

Il metodo utilizzato è sempre lo stesso la Grounded theory ed il software di riferimento è sempre Atlas.ti.

4.2 Partecipanti

Sono stati intervistati 18 pazienti ricoverati nel reparto di dermatologia che hanno acconsentito volentieri a questo studio.

Sono stati tutti ricoverati dal dottor C. nel periodo che va dalla seconda metà di febbraio 2009 alla prima metà di maggio 2009.

Il gruppo è formato da 13 uomini e 5 donne, in una fascia d'età compresa tra i 19 ed i 72 anni (tab. 4).

La media è di 49,4 e la mediana è di 51.

Le professioni dei partecipanti a questo studio sono diverse; delle cinque donne 3 sono casalinghe e le due più giovani una è messo comunale e l'altra impiegata (Snai).

Degli uomini, 4 pensionati, 2 autisti, 1 imprenditore, 1 cameriere, 1 ferraiolo, 1 ausiliario del traffico, 1 operatore ecologico, 1 ferrista di sala operatoria e 1 disoccupato.

Dei 18 intervistati, 7 sono residenti a Napoli, 8 in comuni della provincia di

Napoli e 3 in città diverse da Napoli, ma sempre nella regione Campania.

Il livello di istruzione è risultato essere medio basso: 1 analfabeta, 4 con licenza elementare, 9 con licenza media, 3 con diploma e 1 con minilaurea (tab. 5).

Tabella 3: Distribuzione per fasce d'età dei partecipanti allo studio II

Fasce d'età	Frequenza	%
Età compresa tra 18 e 30 anni	2	11.1
Età compresa tra 31 e 40 anni	3	16.6
Età compresa tra 41 e 50 anni	3	16.6
Età compresa tra 51 e 60 anni	4	22.3
Età compresa tra 61 e 70 anni	5	27.8
Età compresa tra 71 e 80 anni	1	5.5
totale	18	100

Tabella 4: Distribuzione per titolo di studio dei partecipanti allo studio II

Titolo di studio	Frequenza	%
Analfabeta	1	5.5
Licenza elementare	4	22.3
Licenza media inferiore	9	50
Diploma	3	16.6
Minilaurea	1	5.5
Laurea	0	0
totale	18	100

4.3 Analisi dei risultati

Il materiale è sempre stato analizzato con Atlas.ti utilizzando le stesse dieci categorie della prima ricerca: Malattia, Diniego, Famiglia, Amici, Altro/i, Vergogna, Paura, Speranza, Guarigione, Lavoro. E' stata utilizzata sempre la stessa griglia di domande (tab. 1).

Il lavoro è stato incentrato in modo da permettere un confronto diretto con il precedente studio, allo scopo di capire le eventuali differenze tra il rapporto dell'ammalato di psoriasi con un'altra persona ricoverata anch'egli in ospedale, e con uno psicologo in un ambulatorio, pronto ad ascoltare l'ammalato (Nel reparto di dermatologia non è presente la figura dello psicologo).

Nel primo studio, i racconti assumevano unicamente l'aspetto di storie raccontate, nel secondo, invece, pur essendo sempre storie, da chi raccontava si avvertiva una forte richiesta d'aiuto. Erano molto più forti le emozioni, erano espressi i dubbi e le domande alle quali gli ammalati non avevano mai ricevuto risposte.

Dall'analisi della codifica aperta sono emerse, ancora più significative ed importanti, le relazioni dell'ammalato con le persone "sane", perno centrale delle loro difficoltà quotidiane.

Oltre alla difficoltà di vivere con la malattia, in quanto tale, sono state palesate le difficoltà di relazionarsi con gli altri nel vivere quotidiano, spiegate a chi è esperto e può capire.

Pertanto, in fase di codifica assiale, i codici emersi sono sempre stati raggruppati nelle stesse categorie del precedente lavoro, sono sempre presenti le macrocategorie di percezione della malattia, dell'immagine del sé e delle relazioni con gli altri, ma sono state approfondite le categorie che sono risultate diverse di significato.

La categoria che risulta diversa dal primo studio è quella formata dalle relazioni con gli altri, essa è più forte e più intensa ed è affiancata da una nuova categoria che comprende la forte paura, vergogna causata dalla malattia.

Le macrocategorie nuove e più significative sono state: la paura e la vergogna causate dalla malattia. E' emersa la figura dello psicologo, come ridondante in tutte le interviste divenendo oggetto di analisi anche nella codifica assiale e selettiva.

La macrocategoria significativa è stata quella delle relazioni, dove l'ammalato vive il rapporto con l'altro sia come estraneo sia come amico/parente con cui non si hanno forti legami, e con amici fraterni e parenti che vivono le sue difficoltà.

Nella fase di codifica selettiva, sono stati individuati i legami e le connessioni fra le categorie individuate finora, giungendo all'individuazione di una core category che spieghi il fenomeno, rappresentato da uno specchio (figura 8).

Le difficoltà dell'ammalato di psoriasi sembrano essere sempre le superfici riflettenti, quelle che ritornano all'ammalato la sua immagine deturpata dalla malattia. In realtà, la vera difficoltà per questi pazienti non è data dalla superficie riflettente in sé, ma dal vedere il ritorno della propria immagine attraverso gli altri. Un ritorno molto più deturpante e doloroso, accompagnato molte volte dalla paura e dal ribrezzo che l'altro rimanda all'ammalato di psoriasi.

L'ammalato è costretto, nella quotidianità, ad attraversare ogni giorno questo specchio. Egli, ogni volta che si relaziona con le altre persone, anziché ricevere da queste un supporto sociale, riceve solo negatività che alimentano la sua paura e vergogna facendogli vivere con maggiori difficoltà il rapporto con la sua malattia.

4.4 La paura e la vergogna a causa della malattia

I sentimenti maggiormente ricorrenti nell'ammalato di psoriasi sono scatenati a causa della malattia che deturpa l'immagine, sono sentimenti di vergogna e paura. Vergogna degli altri, in particolare degli estranei che possono giudicare senza conoscere la malattia. Paura che l'altro possa fuggire a causa di un probabile contagio. (figura 2)

Paura e vergogna sono emersi in entrambi gli studi, pur avendo una maggiore incidenza nel secondo.

…Ognuno si mette paura, pure io me mettess paura, uno lo spiega e tutto finisce. Dopo che l'ho spiegato….tutto bene…
(Donna, 58 anni, casalinga, analfabeta)

…la vita con la psoriasi è una brutta vita, è una brutta vita non ti senti mai…hai paura di mostrarti, no mi dà fastidio, tanto fastidio è invalidante questa malattia, è invalidante tantissimo ...

(Donna, 63 anni, casalinga, licenza media)

...Quando stev grave iev io solo 'ncoppa a spiaggia, qualche volta mi sono buttato a mare cu tutta a maglietta a mezze maniche...

(Uomo, 64 anni, operatore ecologico, licenza elementare)

...Nun sono mai voluto andare cu na femmena, aggia avut l'occasioni e lasc, per nun fare a' figura... chella a ropp se spaventa, piglia e se ne va ...

(Uomo, 64 anni, cameriere, licenza media)

...Forse mi sono privato io di qualche uscita in più con qualche ragazza potendoci uscire tranquillamente, mi ponevo io il problema...

(Uomo, 33 anni, disoccupato, licenza media)

...Ho vergogna con gli altri...

(Uomo, 68 anni, autista comune, licenza elementare)

…L'unico difetto che tengo in casa è che me ratt sempre e a mia moglie ci dà fastidio, ce dà fastidio, non dice niente piglia a'scopa, e scopa, e a me, me urta a'cervella. Pulisce subito, subito e poi se me ver e rattà a cap accussì, me guarda stuort, sono solo queste e tarantelle che facimm…
(Uomo, 64 anni, operatore ecologico, licenza elementare)

…nun voglio scendere, me vergogno…
(Donna, 58 anni, casalinga, analfabeta)

…ma sono andata con il costume intero perché mi vergogno… ma io mi faccio schifo se mi guardo allo specchio, mi faccio schifo proprio, mi fa senso…
(Donna, 63 anni, casalinga, licenza media)

…io avevo vergogna di fare qualsiasi cosa, mi stavo chiudendo…

(Uomo, 33 anni, disoccupato, licenza media)

…nun me pozz spuglia' vicino a uno, pure int a fatica nun me spoglio perché me vergogno chest è a verità…
(Uomo, 64 anni, cameriere, licenza media)

…perché non ci posso andare con tutte queste macchie…
(Uomo, 51 anni, pensionato, licenza media)

…Il complesso comunque c'è, il mio complesso è quello…se gli altri mi vedono…che schifo …che ci ha questa?... D'inverno, se metto qualche pantaloncino più corto, uso delle calze doppissime per non far vedere le gambe, quindi per tenere nascosta ancora una volta questa malattia. La nascondo e basta…
(Donna, 23 anni, messo notificatore, diploma)

…io non voglio vedere nessuno…vogli sta chius…preferisco stare isolata…

(Donna, 51 anni, casalinga, licenza elementare)

…Io avevo mia nonna che lavorava nella scuola quindi per qualsiasi problema andavo da lei all'asilo e alle elementari. Alle medie poi non si dava la mano, e poi portavo guanti d'inverno e poi stavo meglio in estate. Alle superiori anche l'avevo alle mani e ai gomiti…
(Donna, 19 anni, impiegata, licenza media)

…mi tocca camminare con i pantaloni luong e ca'camicia abottonata. E' normale d'estate? Penso proprio che no e purtroppo c'aggia sta' …
(Uomo, 57 anni, ferraiolo, licenza media)

…se ci sta un invito di una festa a tema particolare e quel momento là a me dà fastidio, io non ci vado oppure nascondo quella cosa. Si questo si! …
(Uomo, 34 anni, ferrista, minilaurea)

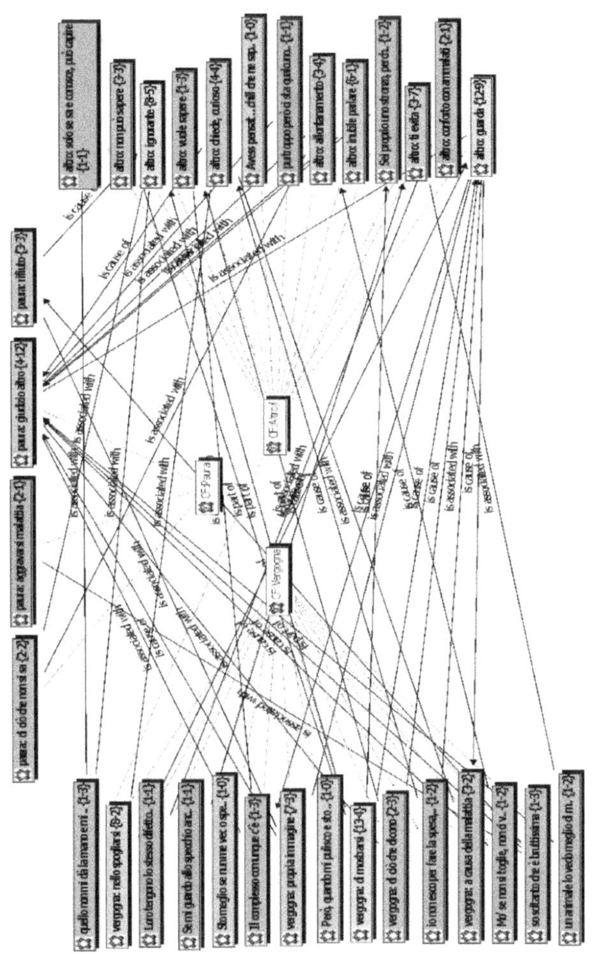

Figura 2: Code family: Paura, Vergogna, Altro/i

4.5 Le difficoltà relazionali

Nella fase di codifica selettiva sono stati studiati i nuovi dati emersi dalla codifica assiale, arrivando a teorizzare che l'ammalato di psoriasi tende a nascondersi ed evitare gli altri, coloro che non conosce, con cui non ha legami per poi aprirsi di converso con chi conosce.

Sembra emergere quale core category esplicativa della ricerca, lo specchio.

Il tutto è stato rappresentato come uno specchio da attraversare perché lo sguardo altrui attraversa l'ammalato ferendolo ancora di più o dandogli sollievo.

C'è riflesso il rapporto con l'altro, inteso come estraneo o amico/parente con cui non si hanno legami, persone che giudicano e fuggono per paura di un'eventuale malattia infettiva che non conoscono. All'ammalato di psoriasi ritorna così un'immagine sporca, brutta, da sfuggire, come in uno specchio che rimanda un sé mostruoso.

C'è poi lo specchio dove l'ammalato si può liberamente riflettere, si può guardare, può analizzare lo stato della sua malattia, ciò avviene con gli amici fraterni, i parenti coloro che fanno parte del suo quotidiano.

C'è, infine, lo specialista che aiuta l'ammalato, sia esso lo psicologo, il medico curante, lo specialista in dermatologia. Queste figure sono per l'ammalato uno specchio che gli dà sicurezza (figura 8).

a) con l'altro inteso come estraneo: uno specchio da cui fuggire

La malattia deturpa l'immagine corporea di chi ne è affetto.

Come emerge dall'analisi dei dati, avere la psoriasi è causa di vergogna e di conseguente paura di essere emarginati, evitati dagli altri.

In particolare dall'altro che non conosce l'ammalato e non conosce la malattia.

Ciò vale, in particolare, per i casi più gravi e per chi ha la malattia sul volto o sulle mani. Ciò spinge gli ammalati a chiudersi in se stessi, non solo nel proprio mondo interiore, ma soprattutto li spinge ad evitare il contatto sociale.

Grande è la paura di essere visti come dei mostri che possono infettare. Per l'ammalato di psoriasi gli altri sono pronti a giudicare, non a conoscere e comprendere.

La principale paura del soggetto con la psoriasi è dovuta al suo vedersi "mostro", ciò lo spinge ad isolarsi dagli altri e a chiudersi in sé e in casa.

...D'estat io divent nata persona, cerco di... di non stare con le persone, di evitare tutti, non voglio uscire, non metto braccia da fuori, gambe da fuori. A mare mi mett o post più lontano possibile...
(Donna, 51 anni, casalinga, licenza elementare)

...io non esco per fare la spesa, sadda luà primm chest... un animale lo vedo meglio di me...
(Donna, 51 anni, casalinga, licenza elementare)

...io avevo vergogna di fare qualsiasi cosa, mi stavo chiudendo...
(Uomo, 33 anni, disoccupato, licenza media)

...specialmente per le mani, se dovevo andare per dire in una salumeria, dal tabaccaio perchè tanto fumavo, cioè mi

nascondevo le mani praticamente …
(Uomo, 51 anni, pensionato, licenza media)

…Sembrerebbe assurdo, ma io mi guardavo allo specchio inizialmente e quelle forme tipo pustolose che mi uscivano in faccia, a me facevano, non dico schifo con me stesso, ma mi facevano orribile…
(Uomo, 34 anni, ferrista, minilaurea)

…ma io mi faccio schifo se mi guardo allo specchio, mi faccio schifo proprio, mi fa senso…
(Donna, 63 anni, casalinga, licenza media)

…Ho vergogna di questa cosa, infatti, molti dei miei amici sanno che mi sono venuta a ricoverare, ma non sanno il perché, non l'ho detto…
(Donna, 23 anni, messo notificatore, diploma)

…Che faccio …m'aggia annosconere, mi sento osservata se vado a fare la spesa e prendo il pane con queste mani così…
(Donna, 51 anni, casalinga, licenza elementare)

…La cosa brutta è che tutti quanti ti domandano…che cosa è, che cosa è? Tutti ti domandano. …

(Donna, 19 anni, impiegata, licenza media)

…Mo m'è uscita nell'orecchio, dietro l'orecchio, qua dà fastidio a volte; la gente guardano, è tutto bianco. Dà fastidio, ti devi grattare, le persone guardano ma non ti dicono niente…

(Uomo, 41 anni, garage guardiano, licenza media)

…Quando cammino miezza a via a gente ne tenen mente. A gente tenen mente, s'e' spostano, e a me me rà fastidio…A me quando vaco a fare la spesa, chi non mi conosce me ra fastidio…

(Donna, 58 anni, casalinga, analfabeta)

…mi pare che tutti quanti mi guardano in testa e mi dà fastidio…Io penso che qualcuno mi guarda perché adesso si vede meglio, se incontro qualcuno …oh sta guardando in testa a me…

(Uomo, 72 anni, pensionato, licenza media)

...Se solo lo devo pensare che mi devo mettere una gonna e devo mettere queste gambe da fuori che comunque si vede, cioè....io non metterò mai una gonna, assolutamente...preferisco guarire prima ... (Donna, 23 anni, messo notificatore, diploma)

...solo tanto mi sento un po' più in imbarazzo, sempre il solito. Cioè non capiscono, guardano e non posso proprio mangiare liberamente.

Una volta a tavola, con persone che non conoscevo seduti vicino, perché hanno diviso così, non hanno detto niente ma non potevo proprio mangiare.

Ho capito che se n'erano accorti, insomma. Guardano in un modo strano e in quel momento mi sono sentito proprio ...non lo so, imbarazzato di sicuro... (Uomo, 51 anni, pensionato, licenza media)

...mi sento osservata se vado a fare la spesa e prendo il pane con queste mani così, mi sento male e allora io non mi controllo su niente, anzi stavo diventando come un barbone, non mi facevo nemmeno lo shampoo più …

(Donna, 51 anni, casalinga, licenza elementare)

…se devo andare adesso non ci vado perché mi dà fastidio…

(Uomo, 72 anni, pensionato, licenza media)

…Mi mettevo vergogna cioè il fatto della mano ognuno si tirava indietro, ti vedevano in spiaggia e ognuno si allontanava e ti dava fastidio…

(Uomo, 64 anni, operatore ecologico, licenza elementare)

…Quando ho conosciuto persone che mi sarebbero interessate un domani, ma erano persone che semmai parlando della psoriasi rientravano in quella classe di persone ignoranti che comunque non avrebbero capito né oggi, né domani, né dopodomani che cosa era questa malattia automaticamente tagliavo ancor prima di

arrivare ad un eventuale approccio…
(Uomo, 34 anni, ferrista, minilaurea)

…avendola alle gambe, quest'estat

e è stata la mia prima estate con la psoriasi e al mare sono andata soltanto in Calabria perché là nessuno mi conosceva, qua a Napoli non ci sarei mai andata…
(Donna, 23 anni, messo notificatore, diploma)

…Sei proprio uno stronzo, perché….tu che sai, tu che stai int a cheste materie, sai che la psoriasi è una malattia che non infetta…
(Uomo, 68 anni, autista comune, licenza elementare)

Emerge, dall'analisi delle interviste, che per gli ammalati di psoriasi, in tutti coloro che vengono a contatto con persone ammalate di questa patologia è dominante la paura dell'infezione.

Infatti, quando qualcuno per un motivo o l'altro è costretto a stare o a toccare uno psoriasico s'informa se può essere contagiato, quando capisce che ciò non può avvenire, si tranquillizza e riesce a conviverci. Viceversa, se non c'è costrizione a stare insieme, si cerca di evitare qualsiasi contatto senza nemmeno informarsi riguardo alla malattia.

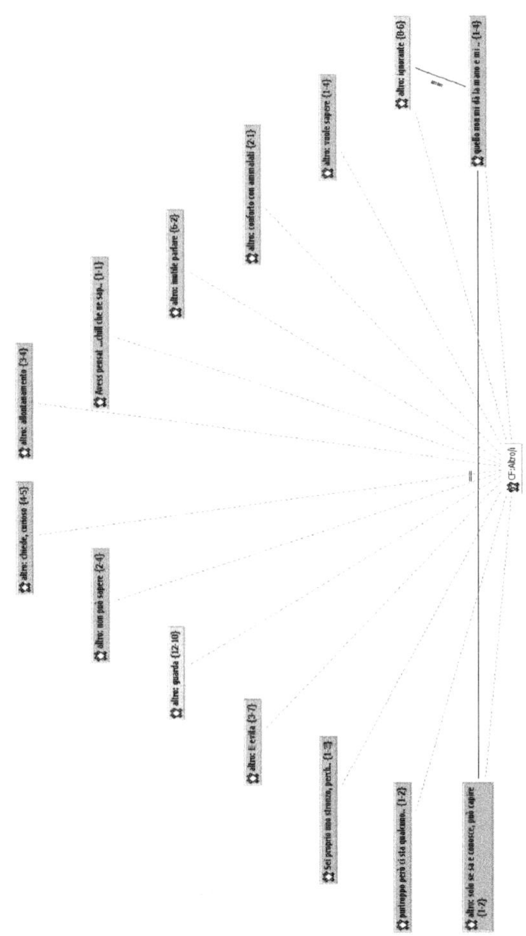

Figura 3: Code family: Altro

4.6 Con i familiari e gli amici stretti: uno specchio in cui riflettersi

I soggetti intervistati hanno tutti dichiarato che della malattia è possibile parlarne solo con i membri della famiglia, con il partner, con i fratelli e/o sorelle ed in particolare con la madre (figura 4).

In questa categoria di persone, di cui potersi fidare, con cui poter parlare senza timore di essere giudicati vi sono anche gli amici considerati "fraterni" o "stretti". Amici che vengono considerati quasi alla stregua dei familiari. L'amico che va oltre la conoscenza, con cui si condivide qualcosa d'importante (figura 5).

…Io il conforto maggiore l'avevo con la buonanima di mia mamma.

Mamma' voleva dare gli anni della sua vita per me, quindi ti lascio immaginare; e che conforto mi dava, ma rimanevo male perchè dicevo guarda che succede, mamma' quando me vereva se senteva male, diceva nun ce sta na cosa …a che prezzo essama pava' per lua' sta robba? Perché mamma' m'ha fatto, sapeva o carattere do figlio e nun m'ha mai visto inta a chell condizioni, allora era brutto comunque, era brutto perché vedevi che tua madre soffriva, facevo a sfugatura poi me ne iev perché me sentev chianchiere purio e me ne fuievo… (Uomo, 57 anni, ferraiolo, licenza media)

…Mia madre sa tutto e dico …a ma' nun c'ha faccio chiù, non vedo l'ora che si toglie e lei fa …va beh I. può darsi che se lev… (Donna, 23 anni, messo notificatore, diploma)

…mi trovo qui perchè ho quest'amica, collega di università che anche lei soffre di psoriasi, quindi ho chiesto un po' di consigli, lei ha sua cugina che è gastroenterologa qui, quindi tramite lei mi ha insomma indirizzato qui dal professore che mi ha detto…venga a ricoverarsi che

facciamo, studiamo una diagnosi, cioè una terapia per il suo caso insomma. ...
(Uomo, 42 anni, imprenditore, diploma)

...l'ho detto solo alle amiche più strette agli altri amici no, non ci ho il coraggio... la mia migliore amica mi vede tranquillamente, se deve accarezzarmi la gamba lo fa perché sa che non la mia malattia non mischia... venni a fare la visita qui con l'amica mia...
(Donna, 23 anni, messo notificatore, diploma)

...C'è un carissimo amico che ci trattiamo e ci vediamo spesso e lo sa glielo ho confidato. Questa non è una malattia infettiva, non è che mischia e non niente, questo è quello che mi ha detto il medico. Il barbiere che mi taglia i capelli lo sa.
Se io devo chiamare qualcuno e dircelo mi sembra inopportuno. Quest' amico che io mi tratto e ci frequentiamo ce l'ho detto e ci spiego. Appunto stamattina mi ha accompagnato lui qua...
(Uomo, 72 anni, pensionato, licenza media)

…Gli amici stretti gliel'ho detto perché vedevano sempre che vado in ospedale. Allora uno si è aperto e sono stati solidali con me, mi sono stati intorno, mi hanno aiutato, hanno collaborato …

(Uomo, 68 anni, autista comune, licenza elementare)

…Con amici, colleghi e parenti, io mi tengo in contatto. Sono molto fortunato nel rapporto con loro. Mi telefonano, mi chiedono come sto e quindi io li tengo aggiornati dicendo sto facendo questo farmaco, sto facendo questa cosa…

(Uomo, 34 anni, ferrista, minilaurea)

…Io parlo della malattia con la famiglia…

(Uomo, 41 anni, garage guardiano, licenza media)

…Ne sono a conoscenza chiaramente gli amici più intimi, i familiari e ne ho paralato tranquillamente, non è che lo vado a dire in giro, però è chiaro con le persone insomma più care, mi sono confidato tranquillamente…

(Uomo, 42 anni, imprenditore, diploma)

…Volevo stare solo con la mia famiglia, con tutti, venne mia cugina e sono stata a casa sua per quattro mesi…
(Donna, 19 anni, impiegata, licenza media)

…Con i familiari ne parlo, con tutti i familiari, cognati, fratelli, con loro si, ma solo con i parenti più stretti…
(Uomo, 68 anni, autista comune, licenza elementare)

…I parenti no, aggia dicere a verità. I parenti no, no nessun problema. I miei vengono sopra da me e io vado da loro, parlo tranquillamente…
(Donna, 58 anni, casalinga, analfabeta)

…Per i miei familiari la malattia è normale, gli dispiace solo come mi sento io, non me la fanno pesare….ma che te ne importa, l'importante è che non è contagiosa, tu e chest e a esser cuntent, che nun è contagiosa. Stann a gent che stann delle malattie gravi, canna ricer lor?

Ringrazia a Dio che tu stai con noi, ci fai questo, ci fai quell' altr. Noi ...cumm facimm senz a ciacion? Fanno i miei figli, senza a ciacion (sorride), tu si a ciacion nostr, cumm faccim? Accussì mi tengono... (Donna, 51 anni, casalinga, licenza elementare)

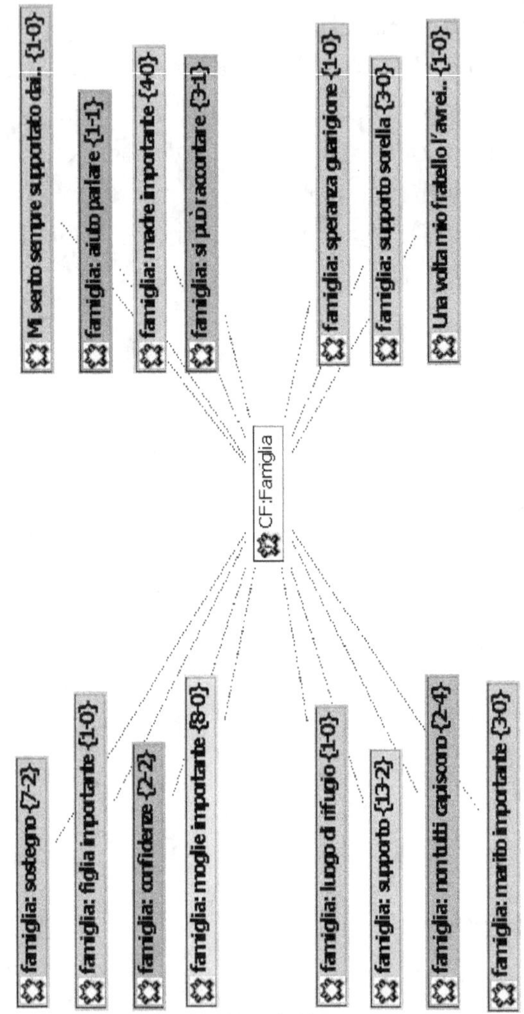

Figura 4: Code family: Famiglia

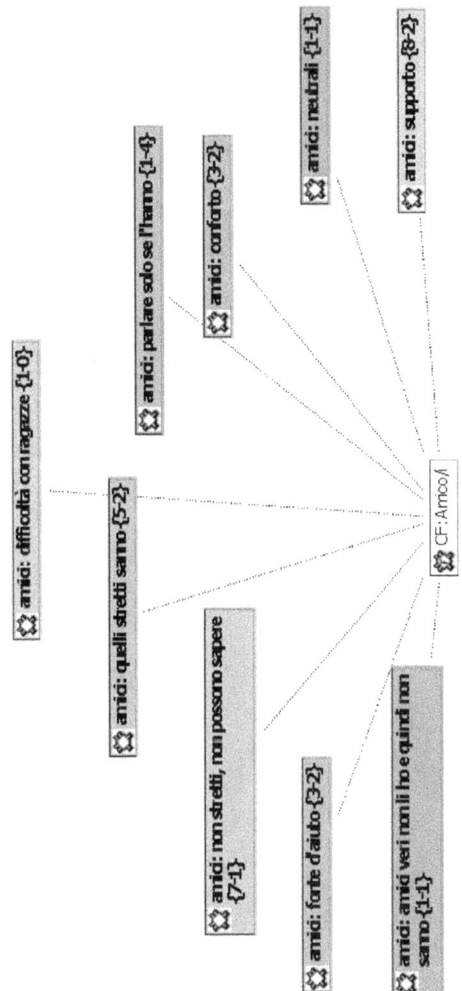

Figura 5: Code family: Amico/i

Il coniuge o partner riveste un ruolo importante, per lo psoriasico nell'affrontare la malattia. Quest'ultima porta un cambiamento nella vita della coppia. Infatti, non c'è più un rapporto diadico tra i partner, poiché si è intromesso, a forza, un terzo elemento: la malattia.

La paura, l'ansia, l'impotenza, per la malattia, portano il partner a proteggerlo da tutto ciò che può causare disagio e dolore.

I partner donna, assumono ancora di più, la figura di accuditrice.

Ciò si manifesta attraverso cure materiali, come mettere la pomata, ma maggiormente fornendo un supporto psicologico come rassicurarlo che la malattia non è grave, non è mortale, non è infettiva e dando speranza che ci possano essere miglioramenti e guarigione (figura 6).

...Mia moglie dice sempre ...vatti a curare...

(Uomo, 41 anni, garage guardiano, licenza media)

…Se non era per mia moglie mi sentivo ancora più a terra, più giù. Sempre vicina…
(Uomo, 51 anni, pensionato, licenza media)

…Mia moglie è una santa perché quando io sto fuori dall'ospedale, il trattamento che ho detto prima, riguardo la pomata, me lo mette lei …
(Uomo, 68 anni, autista comune, licenza elementare)

…Con mia moglie ne parlo, lei non ne fa un dramma…
(Uomo, 72 anni, pensionato, licenza media)

… Ma più di tutti mio marito. Mio marito me passa a pumata e fa tutto cos iss…
(Donna, 58 anni, casalinga, analfabeta)

…Lui non mi crea problemi, anzi lui ha preso pure delle creme…
(Donna, 51 anni, casalinga, licenza elementare)

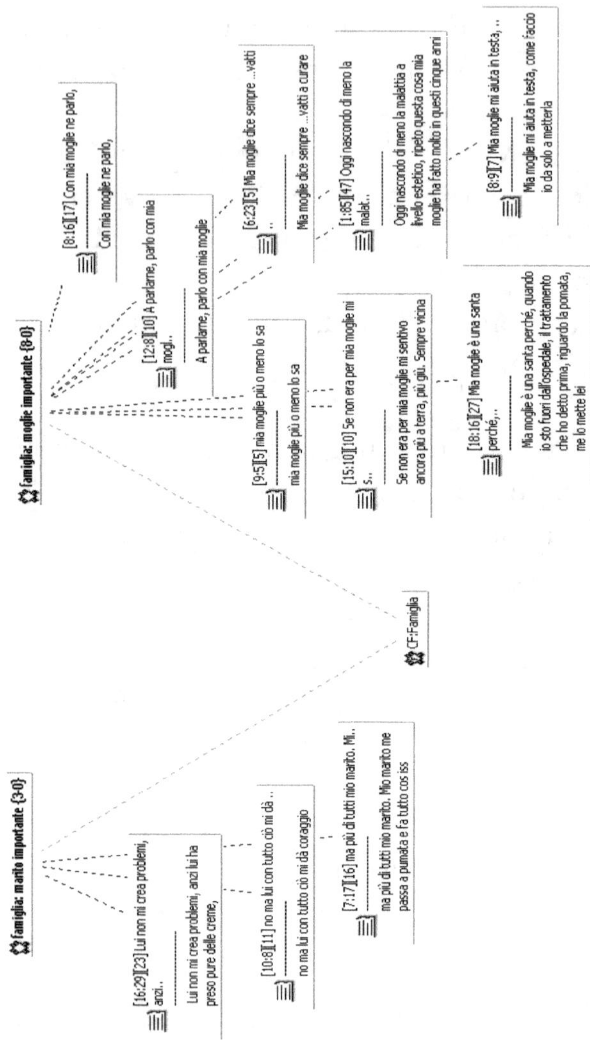

Figura 6: Code family: famiglia

4.7 Con il medico, lo psicologo: uno specchio che dà sicurezza

Nel corso delle interviste e durante l'analisi testuale dei dati è emerso che l'ammalato di psoriasi stringe un forte legame di dipendenza con il proprio medico dermatologo o psicologo cui si affida completamente.

Lo specialista è colui che può dare un aiuto sia fisico che psicologico, fornendo cure, ascoltando le grandi difficoltà.

E' emerso chiaramente il bisogno da parte dell'ammalato di parlare con chi possa capirlo e che sia un esperto come lo psicologo.

Parlare con lo psicologo, sebbene solo in un'intervista, e non in un vero e proprio colloquio, è fonte di sfogo, di sollievo, di liberazione, è un momento di comprensione, in cui si può essere se stessi arrecandosi piacere (figura 7).

…poi grazie alle mie amicizie, alla mia famiglia comunque grazie al dottor C. soprattutto che mi ha fatto stare bene… (Uomo, 33 anni, disoccupato, licenza media)

…sei un medico come un altro.

Anche se a te ho detto di come lo vivevo da piccola…

Solo che quando sono entrata stavo quasi piangendo perché se n'era andata mamma e invece ora sto ridendo…

(Donna, 19 anni, impiegata, licenza media)

…Parlare con vui nun m'ha fatt niente perché siete mierec, me sento chiù…. (Donna, 58 anni, casalinga, analfabeta)

…Parlare con lei è un'altra cosa, è diverso, perché so che voi siete uno psicologo e posso parlare liberamente, mi sento normale … più… più sollevato, come uno sfogo diciamo…

(Uomo, 51 anni, pensionato, licenza media)

…Parlare con lei m'ha fatto bene, come no? Per esprimere la sua opinione, queste cose qua, saperne qualcosa in più di quello che non si sa…

(Uomo, 39 anni, autista, licenza media)

…Parlare con te è stato un piacere perché mi sei simpatico.

E' uno sfogo?

Diciamo di si e diciamo di no ecco, nun è che hai fatto o miracolosa ma..

(Uomo, 64 anni, operatore ecologico, licenza elementare)

…Mi sto confessando…Parlare con te mi ha fatto molto bene…

(Uomo, 34 anni, ferrista, minilaurea)

…Parlare con te, perché la conosci la malattia, ci studi, quindi sai per prima cosa che non mischia fa bene.

Poi perché è uno sfogo personale, e secondo me ci vuole, sono più rilassata, mi sento più capita…

(Donna, 23 anni, messo notificatore, diploma)

… Mi sono sfogato anche se vulesse alluccà chiu assaie, ma purtroppo il problema è questo qua o tinimm e bisogna tenerselo…

(Uomo, 57 anni, ferraiolo, licenza media)

…Mi fa piacere parlare con te perché siete esperto, mi potete dare più un consiglio come mi devo comportare…
(Uomo, 41 anni, garage guardiano, licenza media)

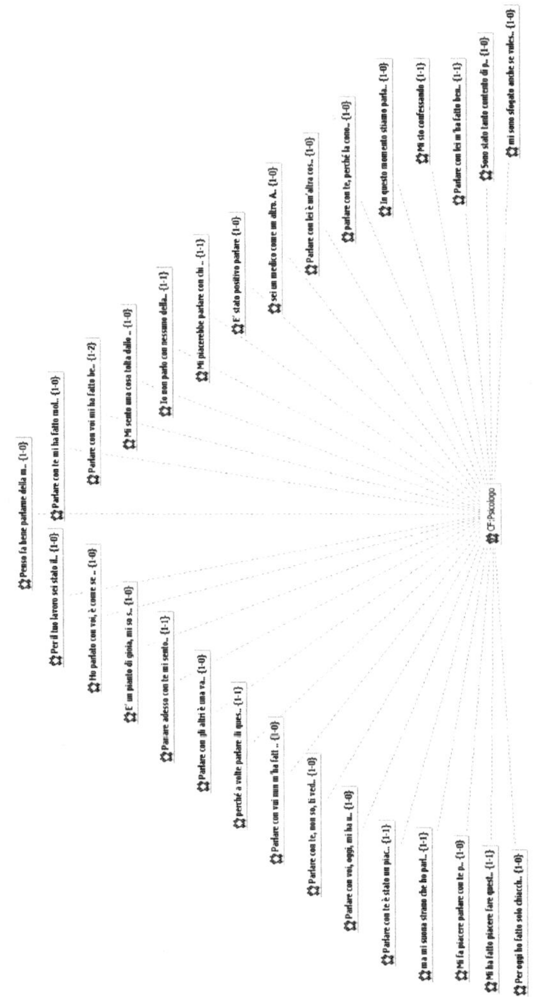

Figura 7: Code family: Psicologo

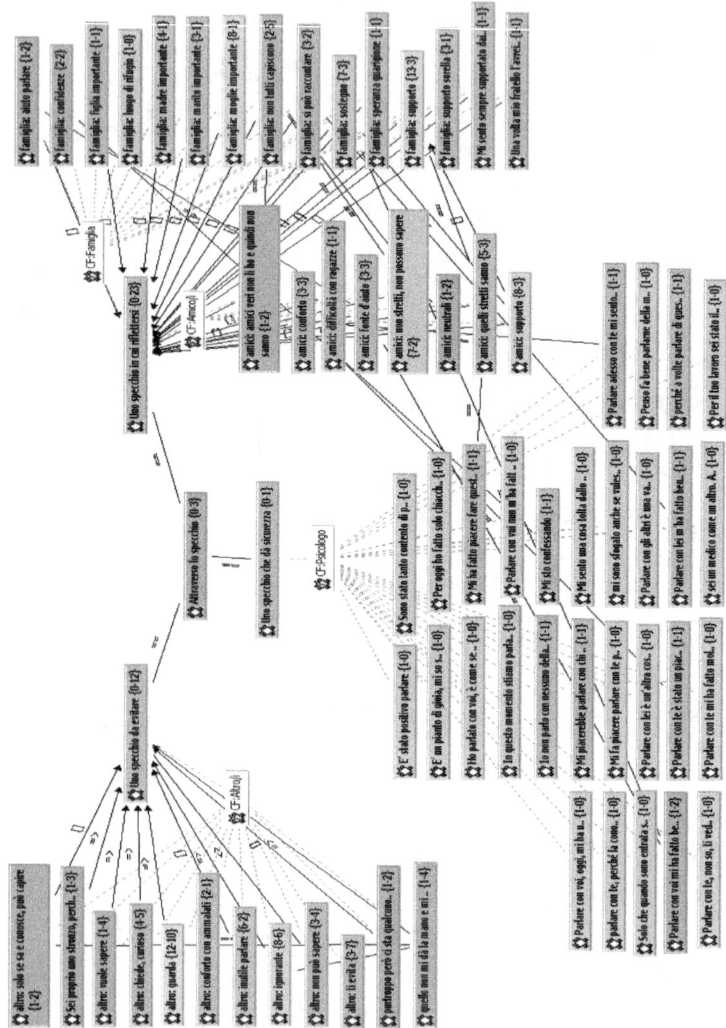

Figura 8: Core category: Attraverso lo specchio

Capitolo V: Lo studio

5.1 Discussione e conclusioni

Una prima riflessione concerne l'attenzione alla riflessività del ricercatore tenuta in considerazione nell'intera ricerca. Una ricerca che si è delineata, passo dopo passo, partendo dalla prima fase di definizione del disegno di ricerca, immergendosi nel campo d'indagine, studiandolo prima al di fuori e poi anche all'interno, raccogliendo i dati ed analizzandoli fino al raggiungimento della saturazione, per poi procedere all'analisi e all'elaborazione finale.

E' stata un'elaborazione ed analisi che non è avvenuta solo in fase finale, ma durante tutta la fase di ricerca.

Un continuo confronto ed approfondimento dell'argomento che è stato sempre crescente.

Partendo dallo studio sull'importanza della pelle, fino ad arrivare agli impatti sulla vita sociale dell'ammalato di psoriasi.

Sono state effettuate due ricerche diverse, sebbene nello stesso contesto ospedaliero. La prima condotta da uno studente in psicologia ricoverato anch'egli per accertamenti e la seconda dallo stesso studente ormai psicologo.

Lo studio, è stato finalizzato per scoprire le teorie emergenti in entrambe le ricerche, evidenziando anche le differenze in base alla diversa figura dell'intervistatore.

Come emerso dalla ricerca, la cute è l'organo di senso più importante per l'individuo essendo essa strettamente collegata alla crescita e allo sviluppo dell'individuo, non soltanto dal punto di vista fisico, ma anche da quello comportamentale (Montagu, 1971).

Essa rappresenta il luogo manifesto dei problemi interni del soggetto che non riesce ad esprimerli diversamente.

Stressanti sono quelle situazioni che implicano un profondo cambiamento nell'esistenza dell'individuo.

Secondo Lazarus e Folkman (1984), lo stress è un insieme di processi che implicano transazioni tra l'individuo e l'ambiente. La percezione dello stress avviene quando c'è una discrepanza tra le richieste poste dalle situazioni e le risorse di cui dispone la persona per fronteggiarle.

Nei periodi precedenti all'esplosione della patologia, generalmente, ci sono stati uno o più eventi stressanti, anche se non tutti gli ammalati riescono a identificarli.

Anche un'esperienza di perdita definitiva di qualcosa o di qualcuno, perdita del vecchio ed acquisizione del nuovo, può risultare stressante così come emerso dai racconti raccolti. Non a caso, la patologia si è mostrata anche in occasione di eventi positivi, come il matrimonio, momento di profondo cambiamento.

Secondo Picardi e Abeni (1994), non si dovrebbero prendere in considerazione solo particolari eventi stressanti, ma anche gli stress della vita quotidiana che risultano essere altrettanto nocivi per la salute.

Stressanti sono quegli eventi esistenziali che modificano la situazione e l'assetto di vita dell'individuo, richiedendone un notevole sforzo di adattamento.

I pazienti, affetti da psoriasi, affrontano il mondo esterno con le sue difficoltà proteggendosi con una sorta di corazza.

I fattori psichici e somatici continuamente interagiscono e s'influenzano tra di loro, si viene a creare sulla pelle una corazza fisica attraverso l'ispessimento cutaneo.

Stanziani (2008) rileva che, secondo la letteratura, le caratteristiche dei pazienti con psoriasi sono: inibizione emotiva, controllo dell'aggressività, forte ansietà, coartazione della vita fantasmatica, alessitimia.

Le difese psicologiche che gli psoriasici usano per affrontare le proprie esperienze di vita sono sostanzialmente di tipo nevrotico: evitano, negano, reprimono ed isolano i sentimenti.

I disagi psicologici vengono negati perché i pazienti sono fortemente legati ai loro sintomi fisici.

Nelle ricerche condotte, alle prime domande informali precedenti all'intervista, tutti gli intervistati hanno negato di aver mai avuto problemi nel relazionarsi con gli altri a causa della malattia. Per molti di essi, invece, la malattia ha cambiato il modo di vivere partendo dalle semplici azioni quotidiane, come il poter mangiare o vestirsi, o semplicemente prendere un caffé insieme agli amici.

La malattia risulta essere un problema più significativo in età più giovane, divenendo, però, un problema meno grave in età avanzata.

La psoriasi è una patologia cronica soggetta a ricadute continue, pertanto, i soggetti che ne sono affetti devono riuscire a con-vivere con tale malattia, devono vivere nel quotidiano con la propria autostima che, purtroppo, viene ad esserne influenzata e di conseguenza viene a modificare il loro rapporto con la società.

L'autostima è l'atteggiamento favorevole o sfavorevole che l'individuo ha verso se stesso (Rosenberg, 1965), di conseguenza l'apprezzamento di se stessi, di quanto una persona ama se stessa è notevolmente influenzato dalla propria autostima (Blascovich, Tomaia, 1991).

Seguendo il modello di Goffman sulla difesa dalla stigmatizzazione vediamo che gli affetti da psoriasi attuano tre tipi di difesa: per nascondere la propria malattia tendono a coprirsi con cappelli, pantaloni e maglie a maniche lunghe anche in piena estate, celano gli indizi su cui si fonda lo stigma sociale, attuano tecniche di neutralizzazione volte a giustificare la patologia, specialmente nelle situazioni sociali. Infine, cercano di organizzare una rete di aiuto comune tra stigmatizzati dello steso tipo.

Spesso gli ammalati più gravi si chiudono in sé arrivando a non uscire più di casa, chiudendo, così, ogni contatto con il mondo esterno.

La madre di Narciso eliminò dalla casa ogni superficie riflettente così, come chi è affetto da psoriasi evita molte volte di guardarsi in uno specchio e cerca di non farsi guardare dagli altri per paura di essere giudicato.

Per lo psoriasico la malattia diventa una forma di identità sociale essa avrebbe funzione di categorizzazione sociale (Tajfel, 1971) inserendo l'individuo in un gruppo con caratteristiche di stigma e rifiuto.

L'individuo verrebbe in questo modo definito dalla malattia, e l'identità sociale verrebbe concepita dalla collocazione del soggetto all'interno di un sistema di categorie sociali determinato dagli attributi veicolati dalla malattia.

Spesso, gli ammalati di psoriasi rimanendo intrappolati nell'adattamento superficiale che il Me mette in atto sono nell'impossibilità, che l'Io, con risposte creative, affronti le disconferme sociali a cui è sottoposto il Sé.

Il Sé finisce col rappresentare il frutto di una tensione dialettica fra queste due polarità, esogena ed endogena. Se la conversazione fra l'Io e il Me costituisce lo spazio di sviluppo del Sé.

Il Sé di uno psoriasico si struttura sulla base dei giudizi e dei segnali di riconoscimento o di diniego che gli altri gli indirizzano. Il Sé, quindi, avrebbe per Mead il significato di un processo i cui protagonisti sarebbero l'individuo e la società, quello che egli definisce col termine di "altro generalizzato". La sua natura appare di tipo processuale, e precisamente di tipo dialettico, dove entrano in gioco fattori soggettivi, ma anche il mondo sociale, sia come rappresentazione dell'altro, sia come sistema di relazioni nel senso reale del termine.

Chi ha avuto la psoriasi, in posti facilmente copribili da indumenti, ha nascosto la sua malattia agli occhi degli altri. Spesse volte, per vergogna, ha taciuto di avere la psoriasi anche agli amici, rendendo partecipe della propria malattia solo i familiari. In alcuni casi c'è chi ha nascosto di avere la malattia anche ai parenti non stretti.

I pazienti intervistati hanno scelto di narrare la loro storia perché si trovavano alla presenza di un "malato", anche se di patologia diversa, in quanto lo ritenevano in grado di capire e comprendere situazioni umilianti, stressanti, non comprensibili da chi è "sano".

L'estraneo, colui che non conosce la malattia, non può comprendere e capire il disagio degli psoriasici, ma se conosce la malattia allora può capirne il disagio.

Per cui è possibile aprirsi solo con l'altro malato, forse questo è il motivo della disponibilità ad aprirsi all'intervistatore-malato e ricoverato come loro.

Dall'analisi dei testi raccolti emerge l'importanza assunta dagli indumenti quali cappelli e guanti, utili a nascondere la malattia presente in posti visibili come le mani o il cuoio capelluto.

Inoltre, coloro che hanno attualmente e hanno avuto in passato la psoriasi, in posti visibili come le mani e il viso, trovano e hanno trovato difficoltà ad andare al mare, poiché tali parti del corpo non si possono nascondere.

Per soddisfare questo desiderio sono stati costretti a scegliere luoghi isolati e senza la compagnia né di amici o persone care come i nipotini.

Il mare è stato citato da tutti, risultando così un tema comune in quasi tutti i racconti dei pazienti e non previsto nella griglia dell'interviste. Esso, nella seconda ricerca pur non rivestendo un ruolo primario, è stato citato dagli intervistati.

Questi ultimi, però, avendo di fronte uno psicologo, hanno parlato anche delle altre difficoltà che incontrano.

Difficoltà che hanno preferito raccontare ad uno specialista e non ad un loro pari, fiduciosi di riceverne un beneficio.

Hanno espresso il loro disagio, la loro difficoltà del vivere, riguardanti il momento in cui mettono a nudo il loro aspetto esteriore, il loro corpo quando in estate vanno al mare, ma hanno anche espresso, a chi li poteva capire, l'immensa difficoltà di quando devono mettere a nudo non solo il corpo, ma il loro stato d'animo: il timore, la paura, la vergogna. Ciò avviene indistintamente con familiari, conoscenti con cui non si hanno forti legami.

La malattia "nasce", non con le prime chiazze, ma nel preciso momento in cui si conosce la diagnosi.

Tale diagnosi è vissuta dalla maggior parte dei pazienti come una condanna che li porterà a relazionarsi, da quel momento in poi, sempre a tre.

Sarà sempre presente la psoriasi in ogni momento della vita.

Essa influenzerà per sempre il modo di vivere e lo stile di vita, il lavoro, il rapporto di coppia, il rapporto con l'altro.

Ci sarà sempre la paura di vedersi ritornare un'immagine di sé mostruosa in misura maggiore di quanto lo è in realtà, poiché ritorna "aggravata" dal disgusto, dalla paura e dall'evitamento visti nello sguardo degli altri.

L'ammalato di psoriasi vive in un tempo quasi indefinito, dove il passato è ricordato come il momento migliore, dove non c'era la malattia. Il presente è vissuto con difficoltà sempre crescenti perché la malattia è cronica e recidivante. Ciò porta, specialmente a chi ha la malattia da diversi anni, a vedere un futuro privo di speranze poiché si diventa consapevoli che non ci sarà mai la completa guarigione, ma solo momentanee guarigioni e miglioramenti.

La malattia sempre presente sul corpo dello psoriasico diventa insostenibile quando si localizza su posti visibili, che non si possono nascondere con indumenti. Allora nasce lo sconforto più grande.

Tutto ciò è emerso ed è stato raccolto grazie alle due diverse tipologie d'interviste, dove gli intervistati si sono mostrati tutti disponibili al colloquio. Ma si è evinto che quasi tutti i pazienti, nelle interviste con lo psicologo, hanno espresso anche i loro sentimenti.

Occorre puntualizzare che le difficoltà del vivere quotidiano non sono emerse subito, ma nel momento in cui la storia prendeva forma come pure è emerso che il con-vivere con questa malattia produce effetti diversi a seconda che arrivi in giovane età, da adulti o da anziani, e a seconda delle sedi dove si localizza, se in posti "nascosti" come il tronco o visibili come il volto, il cuoio capelluto e le mani.

A causa di questa malattia, sono emerse difficoltà lavorative, di imbarazzo, ma anche di rinuncia a poter lavorare, sia per un fattore estetico, sia per l'impossibilità fisica dovuta al fatto di non poter più muovere le mani.

La psoriasi, a chi ne è affetto, non solo causa difficoltà lavorative e relazionali, ma se presente in zone intime, priva chi ne è affetto dall'avere una vita intima serena, sia per cause prettamente organiche che psicologiche.

Tutti i pazienti intervistati hanno precisato di aver subito chiarito a tutti, parenti, amici, colleghi di lavoro, estranei, che la loro malattia non era infettiva. Alle richieste di spiegazioni circa la loro malattia hanno detto che era una malattia dovuta allo stress.

Sebbene sappiano che non è infettiva, due intervistati hanno timore di poter infettare i loro parenti.

Dalle interviste, così come dalle osservazioni svolte in ambulatorio e in reparto, è emerso che i malati di psoriasi vogliono parlare della loro malattia a chi la conosce o a chi ne è affetto, al contempo ritengono inutile parlarne con chi non la conosce.

In ambulatorio la maggior parte dei pazienti psoriasici osservati cerca di parlare con gli altri ammalati durante l'attesa, parlare fin quando non viene il proprio turno di visita.

Per questo ho scelto di intervistare gli ammalati in reparto di degenza per una maggiore disponibilità di tempo, calma e tranquillità.

Nel reparto di degenza si nota la mancanza di uno spazio comune dove i malati possono parlare tra di loro, per poterlo fare si ritrovano nel corridoio, nelle stanze di degenza o giù all'ingresso dell'edificio.

Molti hanno evidenziato nella struttura uno scarso supporto psicologico da parte degli operatori, in quanto non c'è nessuno che spiega le caratteristiche della malattia e cerca di dare loro conforto.

In questo senso sarebbe opportuno promuovere e attivare gruppi di mutuo-auto aiuto che possano fungere come strumento di comunicazione e supporto reciproco, divenendo così strumento di coping-attivo.

I disagi organici e biologici, ma anche psicologici propri della psoriasi portano all'impossibilità di guardarsi in uno specchio per paura di ciò che si vede riflesso, ma anche la paura di essere giudicato, di essere stigmatizzato dagli altri.

Il mito di Narciso qui citato potrebbe essere una introduzione al tema dei vissuti sociali e relazionali dello psoriasico, in quanto consente di cogliere in forma simbolica la potenza delle immagini e del corpo e la funzione che il soggetto vi attribuisce.

Per Narciso l'immagine riflessa nella fonte viene a simboleggiare il rapporto interpersonale al quale egli stesso si sottrae nel momento in cui non riconosce l'altro, ma l'altro è la sua immagine riflessa.

Nel soggetto con Psoriasi la propria immagine riflessa nell'altro gli ritorna deturpata ancor di più di quanto lo sia realmente se viene accompagnata da espressioni di disgusto e disprezzo.

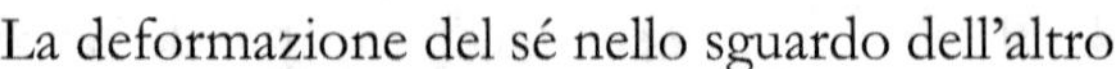

Bibliografia

- Abeni D., Picardi A., Pasquini P., Melchi CF., Chern MM (2002) "Further evidence of the validity and reliability of the Skindex-29: an italian Study on 2.242 dermatological outpatients". Dermatology 204:43-9.

- Anderson RT, Rajagopalan R. (1997). "Development and validation of a qualit of life instruments for cutaneous diseases". J Am Acad Fermato; 37: 41-50.

- Anzieu D.,1985, "L'io pelle", Roma, Borla, 1994.

- Atkinson R. (2006), "L'intervista narrativa", Raffello Cortina Editore.

- Bichi R., 2002, "L'intervista biografica. Una proposta metodologica". Milano. Vita e pensiero.

- Braathen LR, Botten G, Bjerkedal T. "Psoriatics in Norway". Acta Derm Venereol 1989; 142 (Suppl): 9-12.

- Chren MM, Lasek RJ, Quinn LM et al. (1996) "Skindex, a quality-of-life measure for patients with skin disease: reliability, validity, and responsiveness". J Invest Dermatology; 107: 707-71313.

- Cicognani E. (2002), "Psicologia sociale e ricerca qualitativa", Carocci editore, Roma.

- Cotterill JA Cunliffe WJ. "Suicide in dermatological patients". Br J Dermatology 1997; 137: 246-250.

- Dipboye R., Arvey R. Terpstra D., 1977, "Sex and physical attractiveness of ratters and applicants as determinants of résumé evaluations", "Journal of Applied Psychology", 62, 288-294.

- Feingold A., (1992), "Good-looking people are not we think", "Psychological Bulletin" 21, 304-341.

- Finlay AY, Coles EC. "The effect of severe psoriasis on the quality of life of 369 patients". Br J Dermatology 1995; 132: 236-244.

- Flick U. (1998). "An introduction to qualitative research". London. Sage

• Fortune DG, Richards HL, Main CJ et al. "What patients with psoriasis believe about their condition". J Am Acad Dermatology 1998; 39: 196-201.

• Freud A. (1936), "L'Io e i meccanismi di difesa". Firenze. Martinelli, 1967.

• Freud S. (1922), "L'io e l'Es" in Opere, Vol. 9, Torino, Boringhieri, 1977, p. 488.

• Gaddini E. (1982), "Il Sé in psicoanalisi", Milano, Cortina.

• Ginzburg IH, Link Bg. (1993) "Psychosocial consequences of rejection and stigma feelings in psoriasis patient". Int J Dermatology; 32: 587-91.

• Glaser B.G. e Strauss A.L. (1967), "The discovery of Grounded Theory: Strategies for Qualitative Research", Chicago, Aldine.

• Goffman E., "La vita quotidiana come rappresentazione", 1959. Traduzione italiana. Bologna, Il Mulino, 1969.

- Goffman E., "Stigma", 1963, traduzione italiana, Verona, Ombre corte, 2003.

- Kavli G, Forde OH, Arnesen E, et al. "Psoriasis: familial predisposition and environmental factors". Br Med J 1985: 291: 999-1000.

- Lipowski Zj, "Psychosomatic medicine in the seventies: an overview". Am J Psychiatrie 1977: 134: 233-234.

- Mantovani. "Manuale di Psicologia sociale", 2003.

- McHenry PM, Doherty VR. "Psoriasis: an audit of patients' views on the disease and its treatment". Br J Dermatology 1992 127: 13-7.

- Naldi L, Parazzini F, Brevi A, et al. "Family history, smoking habits, alcohol consumption and risk of psoriasis". Br J Dermatology 1992; 127:212-217.

- Ramsay B. O' Reagan M. "A survey of the social and psychological effects of psoriasis". 1988: 195-201.

- Rapp SR, Feldman SR. Exum ML et al. "Psoriasis causes as much disability as other major medical disease". J Am Acad Dermatology 1999; 41: 401-407.

• Rowatt W. C., Cunningham M. R., Druen P. B., 1999, "Lying to get a date: The effect official physical attractiveness on the willingness to deceive prospective dating partners", "Journal of Social and Personal Relationships" 16, 209-223.

• Savin P. "Psychosocial aspect. In: Textbook of psoriasis" (Van De Kerkohf P. ed.). Oxford Blackwell Science 1999: 43 – 51.

• Smith J.A. (1995), "Semi-structured interviewing and qualitative analysis", in J. A. Smith R. Harrè e L. van Langenhove, rethinking Methods in Psychology , London Sage pp. 9-26.

• Strauss J. e Corbin (1990), "Basics of Qualitative Research. Grounded Theory Procedures and Techniques", Newbury Park, Sage.

• Strauss J. e Corbin A. (1994), "Grounded Theory Methodology. An Overview", in N.K. Denzin e Y.S. Lincoln (eds.), Handbook of Qualitative Research, Thousand Oaks, Sage, pp. 273-285.

- Strauss J. e Corbin A. (1998), "Grounded Theory Methodology. An Overview", in N.K. Denzin e Y.S. Lincoln (eds.), Strategies of Qualitative Inquiring, Thousand Oaks, Sage, pp. 158-183.

- Van Dorssen IE, Boom BW, Hengeveld MW. "Experience of sexuality in patients with psoriasis and constitutional eczema". Ned Tijdschr Geneeskd 1992; 136: 2175-8.

- Waters J. (1985), "Cosmetics and the job market. In J. Graham, A. Kligman (eds.), The Psychology of cosmetics treatments", New York, Praeger.

- Winnicott, D. (1960). "The theory of the parent-child relationship"., Int. J. Psychoanal., 41:585–595.

- Wright V. Moll JMH. "Psoriatic arthritis". In: Wright V. Moll JMH editors. Seronegative polyarthritis. Amsterdam: North Holland Publishing, 1976: 169-233).

- Zani B. Cicognani E., "Psicologa delle salute", Società ed. il Mulino, Bologna, 2000.

L'Autore

Giovanni Salierno è uno psicologo clinico e psicoterapeuta che lavora come libero professionista.
Laureato in:
Economia e Commercio,
in seguito ha conseguito la laurea in:
Psicologia dei Processi Relazionali e di
Sviluppo
per poi specializzarsi in:
Psicologia Clinica e di Comunità
all'università Federico II di Napoli.
Ha conseguito il Master triennale in:
Psicodiagnostica
e la specializzazione in Psicoterapia:
Sistemico - Relazionale e Familiare.
Ha conseguito il titolo di: TangoTerapeuta.

*Negli anni sono stati diversi i ricoveri
ospedalieri, molteplici le cure ed i farmaci,
tanti medici conosciuti e
tanti pazienti come lui con cui condividere
questa malattia.
Tutto ciò l'ha spinto a scrivere questo libro,
affinché chi come lui, possa trovare
un sostegno e un aiuto.
Adesso vive a Napoli, collabora con diverse
associazioni private.
Tiene, inoltre, differenti percorsi emozionali di
benessere psico-fisico attraverso lavori di gruppo.*

Contatti

Pagina Facebook:
Dottor Giovanni Salierno

Gruppo Facebook:
L'illusione di Eco … l'inganno di Narciso

Instagram:
Dottor_Giovanni_Salierno

Ringraziamenti

*Al dottor Gianfranco Cimmino,
che oggi sta solo nel cuore.
Con la sua disponibilità, ha reso
possibile questa ricerca*

*Alla professoressa
Caterina Arcidiacono*

*Speciali a mia madre
… lei sa il perchè*